人が育って定着する
〈二軸〉評価制度の考え方・つくり方

# 新標準の人事評価

New
Standards
for
Personnel
Evaluation

How to Understand and Build
a Dual-Axis Evaluation System
that Improves Employee
Productivity and Retention

安中 繁 ドリームサポート
社会保険労務士法人

日本実業出版社

## はじめに

**よい会社をもっとよくする**——、これは、私が経営している社会保険労務士法人の経営方針です。

私は、社会保険労務士として2007年に29歳で開業し、以来15年間、組織を取り巻く人事労務管理分野で、企業の発展のために、顧問社労士として多くの企業をサポートしてきました。

サポート対象の企業は、大企業から零細企業まで多岐にわたりますが、とりわけ、スタートアップベンチャー、ファミリーカンパニー、二代目・三代目社長の会社、M&Aにより拡大する会社等、日本の99％を占めるといわれる中小零細企業から持ち込まれる「人にまつわる悩み」には、共通するものがあることに思い至りました。

それは、**人の定着と成長**です。

「ウチは小さい会社だから、有能な社員が採用できない」
「採用しても定着しない」

こう嘆く声をたびたび聞きます。一方で、小さな会社でも、社員が定着し、成長していく会社も存在するのです。

そんな両極にある会社を多数見てきて、定着しない理由には、会社側の仕組みの問題が大いにあることを確信しました。

「よい会社の経営者になろう！」

社長は、そう決意を固めて起業します。初期の事業計画を描き、仲間を招き入れます。「残業代も含めて26万円は出せるかなぁ……」、そんな構想を描き、社員給与も決めます。

社員は、「この会社で頑張ろう！」と思い入社してきます。

彼ら彼女らが入社から1年経てば、社長は「いくらか昇給をしてあげよう」と考えます。

こうしたタイミングで、私たち社会保険労務士に、「一般的にどれ

くらいの昇給が妥当でしょうか？」と相談するケースもありますが、手探りかつ場あたり的に昇給を繰り返すケースもあります。

　後者の場合、あるとき、企業側が意図していなかったことが起こります。「年功序列賃金が慣習となる」という事態です。

　実は、「年功序列賃金が慣習となる」ことに気づいた経営者から寄せられる、次のような相談が非常に多いのです。

　「このままでは総額賃金コストが膨れ上がり、経営がひっ迫する」
　「長くいる社員が自動的に高給をもらう状況になってしまった」

**では、昇給額はどのように決めればいいのか？**
　その明快な答えをお伝えしていきます。

　また、本書で提案するマトリクス人財育成制度を軸とした社内の仕組みをつくることで、社員の定着率の低さに課題を抱える中小零細企業でも社員が定着し、成長を続け、それぞれの人の"らしさ"が活かされる職場をつくることができます。


　本書は、次の2点において類書と異なります。
①「人財育成」制度と名付けていることからもわかるとおり、人の成長・育成のための制度として位置付けている点
②プレーヤーとマネージャー、それぞれに求められる能力・役割を、入社当初から別軸でみていこうとするアプローチ手法を採用している点


　「社員の成長を通じて自社をよりよくしていきたい。できることならば、給与もアップさせていきたい」と切望されている方であれば、本書の内容がきっとお役に立つでしょう。


ドリームサポート社会保険労務士法人・代表社員

安中　繁

# 新標準の人事評価
## ～人が育って定着する〈二軸〉評価制度の考え方・つくり方～
### もくじ

## 第2章 MBOシステムをつくる

## 第3章 給与システムをつくる

## 第 7 章　年間スケジュールをつくる

## 第 8 章　スモールスタートで育てていこう

おわりに
参考文献

カバーデザイン　　山之口正和（OKIKATA）
本文デザイン　　　山之口正和・沢田幸平（OKIKATA）
DTP　　　　　　　一企画

本書をご購入いただいた方に以下の特典をご用意しました。

① 本書で紹介している書式のダウンロードサービス

書式のダウンロードURL

https://dream-support.or.jp/books/new-evaluation/

ダウンロード用パスワード
LPs2HyKK12

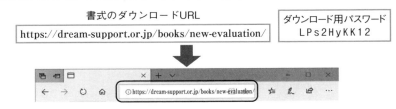

● 入力はすべて **「半角英数小文字」** で行ってください。
● ファイルはzip形式にて圧縮を行っております。解凍ソフトを別途ご用意のうえ、ご利用ください。

**ダウンロードコンテンツ**

● 制度策定の目的と課題を確認する
　ワークシート
● 求める人財イメージワークシート
● 業務の洗い出しシート
● Stage（タテ軸）等級定義フレーム
● Class（ヨコ軸）等級定義フレーム
● Lポジションマップフォーマット

● 基本給テーブルのフォーマット
● 育成シート
● 目標設定指針フォーマット
● 教育計画フォーマット
● 辞令フォーマット
● 新制度への移行チェックリスト

② 本書で紹介している「Lポジション」を著者が解説するミニ動画講義

安中 繁「Lポジション」動画講義URL

https://vimeo.com/717395642

視聴用パスワード
dorisapo0323

● 入力はすべて **「半角英数小文字」** で行ってください。

※本ファイル等に起因する不具合に対しては、弊社は責任を負いかねます。ご了承ください。
※本ダウンロードサービスや動画に関するお問い合わせは、弊社ホームページの「お問い合わせ」フォームからお願いいたします。　https://www.njg.co.jp/contact/
※本ダウンロードサービス及び動画は、予告なく終了する場合がございますので、ご承知おきください。

第 **0** 章

# 「マトリクス人財育成制度」
## とは何か

# マトリクス人財育成制度の特徴とメリット

## 複数の視点による評価を統合する従来型制度の弱点

　本書では、筆者が考案した、特に中小零細企業において大きな効果を発揮している**マトリクス人財育成制度（通称：Ｌポジション。Ｌ字形をしたタテ軸とヨコ軸で、個人の能力と役割をポジショニングしていく制度）**を紹介します。

　従来の人事評価制度は、技術力（専門職方面）と組織力（管理職方面）が総合的に評価され、その結果が職能等級という１つの軸で格付けされるものが一般的でした。

　この職能等級の評価軸を、**タテ軸の①技術力（スペシャリティ）評価と、ヨコ軸の②組織力（マネジメント）評価という二軸に分離させ、それぞれ別個に評価する**のが「マトリクス人財育成制度」です。

　縦と横に評価軸を配置することでマトリクス表ができるため、２つの軸がクロスする箇所を、その人の等級（本書では「Ｌポジション」と呼びます）とします。

　従来も、複数の異なる軸で評価する考え方はありましたが、示される等級は複数の評価結果が統合されたものでした。

　**マトリクス人財育成制度は、評価結果を統合せず、２つの評価軸の等級結果をあえて分けたまま表現する点が従来制度と大きく異なり、革新的といえます。**

　従来の職能等級資格制度に代表されるような一軸評価では、「技術

力を高めつつ組織マネジメント力も高め、管理職方面に昇格していくこと」が社員に求められました。

　また、そうした社員が“主流の処遇”であり、部下のマネジメントをしない専門職制は、主流になれない人のための“傍流の処遇”という位置付けで制度設計されてきました。

　こうした制度設計は、大企業のように豊富な人員がいるのであれば、ある程度、機能するのかもしれません。

　しかし、**社員全員が個々の真価本領を発揮しながら社業を発展させていく必要がある中小零細企業で、「主流・傍流」という格差を生む評価制度を運用するのは好ましくありません。**

　同時に、**中小零細企業で、社員全員が管理職層を目指すのも現実的ではないでしょう。**

　そこで、縦軸の専門職方面と横軸の管理職方面とで求められる能力を別個に表し、かつ、それぞれを別個に評価格付けすることで、チーム力を最大化させることができる仕組みをつくったのです。

## 統合しない“ありのままの評価”が社員の納得度を高める

　「この制度なら、我が社の宝のような社員Ａさんを適正に評価できる」
　そう話したのは、あるゲームアプリ会社の社長でした。
　社員Ａさんは、卓越した技術を持つものの、人とのコミュニケーションを苦手とする、いわゆるオタク的な人物。ですが、同社においては極めて重要度の高い人財です。
　しかし、同社の評価制度は、コミュニケーション能力を重視しているため、社長はＡさんを高く評価できずにいたのです。

　同様のことは、製造業の現場でもよく見聞きします。
　「○○さんは、当社にとってなくてはならない職人技を持っているけれど、未来の経営層にはなれないし、若手社員のロールモデルにもならない」というような話です。

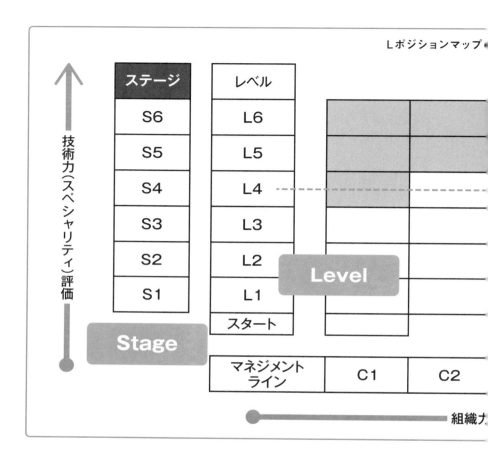

| | ステージ | レベル | | | | |
|---|---|---|---|---|---|---|
| | S6 | L6 | | | | |
| | S5 | L5 | | | | |
| | S4 | L4 | | | | |
| | S3 | L3 | | | | |
| | S2 | L2 | | Level | | |
| | S1 | L1 | | | | |
| | Stage | スタート | | | | |
| | | マネジメント<br>ライン | C1 | C2 | | |

技術力（スペシャリティ）評価

Lポジションマップ

組織力

こういった社員は、従来型の統合する評価制度では、傍流の処遇にならざるをえず、当人の仕事へのモチベーションを低下させ、ひいては社員の定着率を低下させることになりがちでした。

この場合に**Lポジションを導入すれば、タテ軸（技術力・スペシャリティ）を高くし、ヨコ軸（組織力・マネジメント）を低く評価することになりますが、その結果に本人は納得します。**

また、評価の結果（全体像）は、後述する「Lポジションマップ」と名付けられた1枚のシートで表されます（上図）。自社内における自己のキャリアビジョンをビジュアル的に描くことが容易になるため、定着率の向上にも寄与するのです。

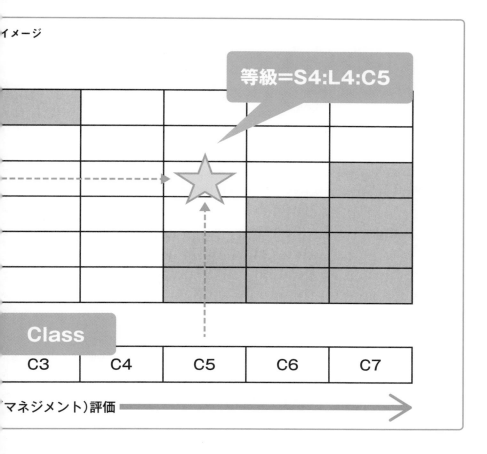

イメージ

等級=S4:L4:C5

| | | | | |
|---|---|---|---|---|

**Class**

| C3 | C4 | C5 | C6 | C7 |
|---|---|---|---|---|

(マネジメント)評価 →

■ 用語解説

**Lポジション**…タテ軸・ヨコ軸で求める能力・役割を別個に表し、個人の育成・評価を二軸で行っていく人財育成の仕組み／決定された等級

**マトリクス人財育成制度**…Lポジションの考え方を用いて、等級システム、コアバリュー評価システム、MBOシステム（Management by Objectives：目標管理制度）、評価システム、給与システム、育成システム、ポジションチェンジシステムの7つのシステムから構成される人事制度

**Lポジションマップ**…Lポジションの仕組みを1枚で表したもの。タテヨコの等級システムと、給与システムなど、社員が最も興味関心を抱くポイントがビジュアライズされている

13

# 社会的に人事評価制度が求められる背景

**人事評価制度の整備は老後2,000万円問題ともリンクしている**

　少し話がそれてしまうかもしれませんが、社会保険労務士として労務管理の現場に長く携わっていると、どうしても気になってしまうことがあります。それは、日本の公的年金制度の持続可能性についてです。

　2019年6月に金融庁が公表した、金融審議会による市場ワーキング・グループ報告書「高齢社会における資産形成・管理」から生まれた「老後資金2,000万円不足！」等が報道で取り沙汰されました。

　社会保険労務士でなくても、「定年後の生活は大丈夫なのか？」「社会保障をあてにしてもよいのだろうか？」と、そこはかとない不安感や公的年金制度に対する不信感を抱いたかもしれません。

　**人口減少社会に入っていることは、わが国のまぎれもない事実です。**
　かつて11.2人の現役世代で1人の高齢者の生活を支えていた時代がありました（1960年。次ページ図）。

　その1960年代から人口構成は着実に高齢化の歩みを進め、2014年では2.4人、2060年には1人の現役が1人の高齢者を支えることになると想定されています。

　高齢者と現役世代の人口比が1：1に近づいている現代社会は、まさに「肩車社会」といえる状況です。

　これを身近な例に置き換えると、1人の稼ぎで2人分（扶養家族もあれば、その人数も含め）の生活を賄うことであり、一部のケースを除いて難しいといえるでしょう。

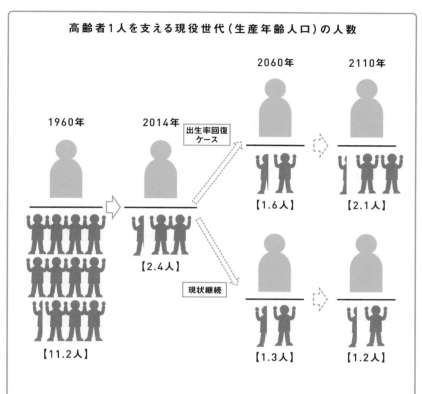

高齢者1人を支える現役世代（生産年齢人口）の人数

1960年

2014年

出生率回復ケース

2060年

2110年

現状継続

【11.2人】

【2.4人】

【1.6人】

【2.1人】

【1.3人】

【1.2人】

備考：国立社会保障・人口問題研究所「日本の将来推計人口（平成24年1月推計）」等をもとに作成。出生率回復ケースは、2013年の男女年齢別人口を基準人口とし、2030年に合計特殊出生率が2.07まで上昇し、それ以降同水準が維持され、生存率は2013年以降の国立社会保障・人口問題研究所中位推計の仮定値（2060年までに平均寿命が男性84.19年、女性90.93年に上昇）をもとに推計。
内閣府　選択する未来委員会　発表資料2015.10.28から抜粋

　経済成長率も低迷を続けています。次ページ図に示されているとおり、1960年頃は平均9.1％の経済成長を我が国は誇っていました。

　その後、4.2％成長、0.7％成長と、成長率は低くなり続け「ゼロ成長時代」に入っています。

　高度経済成長期に整備した社会インフラ、たとえば、公共施設、公共交通網、公的年金制度も含め、これらを維持していくにはコストがかかります。

　低成長で、人口減少も続く日本で、社会維持コストを負担し続ける

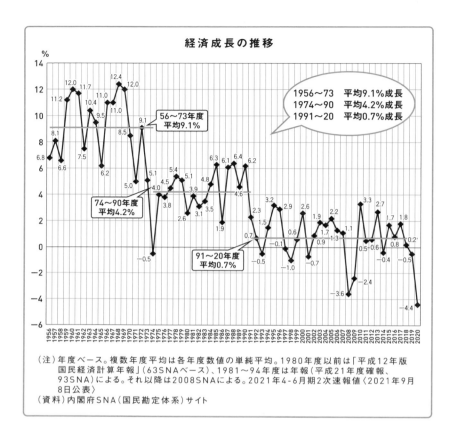

経済成長の推移

（注）年度ベース。複数年度平均は各年度数値の単純平均。1980年度以前は「平成12年版
　　国民経済計算年報」（63SNAベース）、1981～94年度は年報（平成21年度確報、
　　93SNA）による。それ以降は2008SNAによる。2021年4-6月期2次速報値〈2021年9月
　　8日公表〉
（資料）内閣府SNA（国民勘定体系）サイト

ことができなくなれば、日本の財政は赤字が続き、果ては破綻するこ
とになってしまうのです。

　私は、この国で生まれ、この国が好きだから、社会保険労務士の分
野から、自分にできることはないだろうかといつも考えてしまいます。
「日本がなくなってしまってはイケナイ！」と。
　もちろん、それは国も十分考えていることで、政府は「働き方改革」
と銘打って、人口減少社会における日本の生き残り策を法改正を伴っ
て実行するプランを立てました。いわゆる「働き方改革関連法」であ
り、「働き方改革実行計画」です。
　そこで語られていることを私なりに端的に表現すると、次の3点に

集約されます。

1. **今まで働いてこなかった人（女性、高齢者、障害を持っている方、病気を持っている方）にも働いてもらう**
2. **外国人にも日本で気持ちよく働いてもらえるようにする**
3. **企業が生み出す価値を高めて、特に非正規社員の給料をアップさせる**

　社会インフラ維持コストは、まず税収を上げないことには捻出できません。そこで着目したのが潜在的労働力です。
　「夫の扶養の範囲内で働く」という女性は多いと感じます。原因はあまたあれど、
①夫の労働時間が長すぎて、夫が家庭における役割を分担しづらい
②扶養の範囲でいるほうがお得（年金保険料は納めなくてすむ・医療保険料も払わなくてすむ・税制上の優遇がある・夫の会社から配偶者手当がもらえる等）
③自分自身が働いたときには非正規で低賃金だし、それで長時間労働となるのはキツいし、割に合わない
などが背景にありそうです。

　法改正では、①については、長時間労働に上限規制をかけて正社員に偏りのある働き方を変えていく方向に舵が切られました。
　②についても、扶養メリットを排除するべく、税制上の改正もなされ、また、社会保険の適用拡大により、パート勤務者にも自分の名義で年金・医療保険の加入が強制されるようになってきています。
　そして③については、自分自身が働いたときにも、適正な評価を受けて適正な処遇が受けられるよう非正規⇔正規待遇差是正のための同一労働同一賃金を実現する法整備がなされているところです。

　法改正の解説は本書の主旨ではありませんので、詳細は述べませんが、①～③をかなえるために必要な社内施策として以下の3つが不可

欠になり、これを実効性のあるものとするためには、人事評価制度を活用することが最も近道になるわけです。

---

**必要な社内施策**

①長時間労働をしない職場づくり
②非正規でも納得できる処遇の体系化
③高付加価値化のための個の成長と組織の成長

---

とりわけ、外国人労働者が日本で働く際に一様に戸惑うと口をそろえることとして、以下の3つが挙げられます。

(1) **やるべき仕事が曖昧であること**

(2) **無用な（と思える）残業があること、しかも場合によってはサービス残業＝賃金不払い残業であること**

(3) **昇給の仕組みも曖昧であること**

日本に憧れ、日本が好きでやってきた希望にあふれる外国人の方が、「自分は会社から大切にされている」と思えない職場環境で雇われ、果ては日本を嫌いになって帰国する、という話を聞くことが残念ながら頻繁にあります。

こうしたことが、日本人と外国人間だけでなく、正規社員と非正規社員間、あるいは正規社員間でも起こり、「納得できない」「理不尽だ」と感じる環境だとすれば、「この職場で長く働き続けよう！」というポジティブな気持ちにはなれないでしょう。

人事評価制度を整備することで、働く人々が自身の真価本領に気づき、かつ発揮できる仕組みが社内にできて、その結果、幸せに働く人が増えることを、私はいつも願っています。

なお、働き方改革にまつわる政府の動向をよく理解しておきたい方は、『「同一労働同一賃金」のすべて　新版』（水町勇一郎・有斐閣・2019）を参照してください。日本がなぜ働き方改革という大きな舵を切ったのかがわかりやすく書かれています。

## 労働施策総合推進法の改正

2018年7月改正の労働施策総合推進法では、次のように、人事評価制度の策定を推進するような記述が追加されました。

**（基本的理念）**

第三条　2項　労働者は、職務の内容及び職務に必要な能力、経験その他の職務遂行上必要な事項（以下この項において**「能力等」という。）の内容が明らかにされ**、並びにこれらに即した評価方法により**能力等を公正に評価され、当該評価に基づく処遇を受ける**ことその他の適切な処遇を確保するための措置が効果的に実施されることにより、その職業の安定が図られるように配慮されるものとする。

意訳すると、「企業は以下の3点を押さえた人事評価制度を策定・活用してくださいね」というメッセージだと読みとれます。

**①評価のモノサシをつくりなさいよ**（←能力等の内容を明らかにする）

**②モノサシをあてて評価をしなさいよ**（←能力等を公正に評価）

**③評価に基づいて処遇しなさいよ**（←評価に基づく処遇）

# 中小企業と大企業では
# 置かれている状況は全然違う

## デコボコ人財の集合体で"集合天才"を目指せ

　日本で広く普及を見てきた、職能等級資格制度は、技術力も組織力も併せ持つゼネラリストを育成する思想を基礎において、等級格付けをするものです。

### 職能資格制度の平均像

| 職能資格の能力要件 | | | 職能資格等級 | 対応役職 |
|---|---|---|---|---|
| 専門スキル | | 社会的スキル | | |
| 担当業務 | 関連業務 | | | |
| 指導できる能力 | | 課題設定能力 対人関係能力 | 11 | 部長 |
| | | | 10 | |
| | | | 9 | 課長 |
| | | | 8 | |
| | | | 7 | 主任 係長 |
| 一人前の能力 | | | 6 | |
| | | | 5 | 一般職 |
| | | | 4 | |
| 指導の下でできる能力 | | 意欲・態度 | 3（大卒初任格付け） | |
| | | | 2（短卒初任格付け） | |
| | | | 1（高卒初任格付け） | |

出所:今野、大木、畑井「能力・仕事基準の人事・賃金改革:職能資格制度の現在と未来」
（社会経済生産性本部、2003年）

大企業なら、豊富な人財のなかから選ばれた人が上に上がっていく仕組みは成立するかもしれませんが、中小零細企業では、そう簡単にはいきません。

　ゼネラリストにふさわしいオールマイティ人財を探してきて採用・登用するのではなく、今いる人たちでやりくりする、これが実態です。
　採用も、設定したペルソナを叶える理想人財を選りすぐって……とはいかず、応募してきてくれた人・ご縁のある人を順番に採用する、「来た順採用」なのかもしれません。
　そうすると、「技術力は突出しているけれど、組織管理力はイマイチ」だったり、「組織管理力は高く、仲間を輝かせることについてはピカイチだけど、専門スキルは相対的に低い」だったりすることもあるわけです。名付ければ、「デコボコ人財の集合体」が中小零細企業の実態なのです。

　中小零細企業の経営者の嘆きの声も、ここに原因があります。
　オールマイティ人財を基準に考えるので「ウチは零細だからいい人財が採用できない」と思ってしまうのです。**デコボコ人財の強みを最大限輝かせ、各人の「らしさ」を活かした役割分担のチームづくりをしていれば、嘆きの声は漏れなくなります。**

　2019年のラグビーワールドカップ日本大会では、ラグビーをそれまで知らなかった人たちも心躍らされました。私もその1人です。
　共感ポイントは、ポジションごとに役割が際立っていて、それぞれの選手が自身の持ち味を活かして共通ゴールの獲得を目指して頑張る役割分担に基づくチームスポーツである点だったのではないでしょうか。体重が重くてがっしりした体型の選手、身軽で足の速い選手、小柄な選手、背の高い選手、それぞれに特性が最大限活かされ発揮できるポジションがある。こういった点にわが身を重ね、「自分にも、自身の真価本領が発揮できるポジションがあるはずだ」と希望の光を見た方が大勢いたはずです。

**中小零細企業では、全員で「集合天才」を目指していくというのが成長のキー**だと私は考えています。レオ＝レオニ作の絵本『スイミー』のようにです。

これは、「大きなマグロたちに食べられることなく自由に海を泳げるように、小さな赤い魚がみんなで集まって大きな魚のふりをするなか、自分だけ黒い魚のスイミーは、赤い大きな魚の目に見える役割を果たした」というお話です。

私自身、苦手意識を持っている分野がたくさんありますが、ともに働くメンバーがそれを補ってくれています。その分、私は私の得意分野に集中することができています。これが、集合していく最も大きな意義だと感じています。

大企業と中小零細企業を比較したとき、もう1ついえることがあります。

大企業では、豊富な人財から抜擢された、役職者になる能力を備えている者が、実際の役職者になります。職位獲得のための熾烈な切磋琢磨が現場でなされているわけで、同僚は同時にライバルでもあるわけです。

これに対して、中小企業では役職者に必要な能力に未達の人に、下駄をはかせるがごとく職位を与え、それにより育成をしていく例が多いものです。「役が人を育てる」を地で行くのが中小企業の現場です。

ある職位に就くのに際し、大企業は能力が先についており、中小零細では「能力は後からついてくる」という実態があります。

この観点からも、**中小零細企業では、キャリアアップを目指しやすい、手を伸ばせば達成が叶いそうだと思えるようなステップを人事評価制度で表現することが有効であるといえます。**

# 長期的にキャリアビジョンが描けるワンマップを備えよう

## 社員の成長には適正な人事評価制度が欠かせない

　読者の皆さんは、すでに何らかの人事評価制度を導入されておられると思います。こうした制度を、社員が成長しやすい「新標準の制度」にしていくことが本書の目的の1つです。

　本書で紹介する人事評価制度「マトリクス人財育成制度」には、社員の立場からみて、次のような効果やメリットがあります。

### 1. 社員のキャリアを長期的にサポートできる

　社内に適正な人事評価制度があると、社員は**長期的なキャリアビジョン（仕事において将来、自分が目指したい姿）**を自社内で描くことができます。

　最終的に目指したいポジションを定め、そのポジションに到達した際に得られる収入も具体的にイメージすることができれば、腰を据えてキャリアを積んでいこうとします。

　社員が、**ある職位に就くまでに辿ることとなる経験や順序**のことを**キャリアパス**といいます。個人の視点からは、将来自分が目指す職位に至るためにどのような経験を積んでいくかという順序・計画です。

　企業は、社員にどのような人財に育ってほしいかを明確に定め、理想人財となるための道筋を示すことが必要ですが、これが漠然としている企業が多いと感じています。

　人事評価制度をつくるだけでなく、長期的なキャリアパスもワンマップで示すことができれば、直観的・ビジュアル的に将来の見通しを

つけることができます。

　個人のキャリアビジョンを明確に持っている人財が、勤める企業に
将来性を見出せない場合、転職により複数の企業を渡り歩くことや、
必要に応じて大学等の教育機関に戻り教育を受け直すことも選択肢と
なりえます。

　「我が社には有能な人財がいつかない」と嘆いている経営者の方で、
キャリアパスを明確に示していない場合、そこにも定着率の低さの原
因があるといえるでしょう。

| | 意味 | 特徴 |
|---|---|---|
| キャリアビジョン | 個人が、仕事において将来自分が目指したい姿 | 1社であるとは限らない |
| キャリアパス | 1企業内で、一定の職位に就くまでにたどることとなる経験や順序 | 企業内で描かれる（留学制度・出向制度などを有する場合も含む） |

## 2. 募集採用活動で活用できる

　建築工具の販売を手掛けるA社では、就職活動学生に対する企業説
明会において、業務の具体的な内容よりも、自社の人事評価制度（マ
トリクス人財育成制度）の説明に重きを置いているといいます。

　社長いわく、「建築工具に興味を持つ学生はまずいない。だから、
工具販売について説明しても就活生は興味を示さない。しかし、当社
の人事評価制度の説明をすると、就活生たちは、『**この会社でなら社
会人になってからも着実にステップアップしていけそうだし、自身の
キャリアを積み上げていけそうだ。会社のサポートもある**』と、安心
して入社してくれる」とのことでした。同社は「人事評価制度により
採用に成功している」と断言します。

　実際に、同社の社員の姿をみると、みな活き活きと朗らかに仕事を
しています。建築工具に興味を持って入社したわけではない人たちが、
工具をとことん愛し、最適な工具を求めて買い物に来る大工さんたち

に尽くしている姿が印象的です。

　26、27ページ下表のように、ワンマップで全体像を俯瞰できるマトリクス人財育成制度は、ビジュアルで訴求することができるので、就活生向けの企業説明会での効果も大いに期待できます。企業説明会で、自社の人事評価制度をぜひ紹介していただきたく思います。

## 3．目標設定が明確に描ける
　マトリクス人財育成制度では、タテ（技術力）・ヨコ（組織力）に軸をおくマトリクス表のマップ上で、自身の現在のポジションが明確に示されます。
　期首に実施する目標設定面談では、直近1年間で、
• タテでのステップアップを目指すか
• ヨコでのステップアップを目指すか
• タテ・ヨコの両方を目指すか（ウエイトはどちらにおくか）
といった自身の意思を確認・設定することができます。
　そうすると、**目標設定がより具体的なものになり、ぼやけません。**
　従来の制度では、技術力も組織力も同時に高めることを求めていました。これを分けて考えることで、集中すべき課題に向かいやすくなります。

## 4．限られた労働時間で最大の力を発揮できる
　従来の制度は、「有能なプレーヤーが有能なマネージャーになっていく」という前提に基づいて人財の成長が設定されてきました。
　たしかに、総合人財として、プレーヤーとしてもマネージャーとしても存分に能力を発揮できることは、本人にとってもやりがいのあるものでしょう。
　しかし、社会保険労務士として現場を見ていると、中間管理職層がプレーヤーからマネージャーへとステップを踏んでいく過程で、たいへんな苦労・苦痛を強いられているケースを多く目にします。
　たいへんな苦労・苦痛の内容とは、「プレーヤーとしての業務は減

らないのに部下のマネジメントという新たな業務がプラスオンされ、業務過多・超長時間残業になる」というものです。

　働き方改革による残業上限規制の法制化だけでなく、中小企業にもパワハラ防止措置を求める労働施策総合推進法の改正が2022年4月に施行されました。「ブラック上司」と言われないために、マネージャー層が部下に仕事を託しづらいムードが蔓延している状況も生じています。

　プレイングマネージャーが業務過多で潰れていくケースを数多くみてきた私は、「出世することが必ずしも幸せなことではない状況をなんとか打破しなければ！」と強く思うようになりました。現状打破は喫緊の課題です。

**Lポジションマップ**の例

| 職務遂行能力　要件定義 | | | | 業務対応力 | | 基本給の範囲 |
|---|---|---|---|---|---|---|
| | 労務基準 | 人事基準 | | 級 | 呼称 | |
| Stage 8<br>業界の革新となる価値を創造できる | 業界の地位を高める革新的な取組ができる | 業界の地位を高める革新的な取組ができる | | Level<br>Ⅷ | | |
| Stage 7<br>他社からも指名で依頼がくる程度の付加価値提供ができる | 専門特化で名（当社の○○さん）がある程度通っている | 賃金制度設計（人事制度）ができる | | Level<br>Ⅶ | | |
| Stage 6<br>当社の代表者として高い付加価値を提供できる | 自己の名において、労務監査業務を行うことができる | 自己の名において、給与計算改善コンサルを行うことができる | | Level<br>Ⅵ | チーフコンサルタント | |
| Stage 5<br>当社の代表者として商品の改善を提案・提供できる | 当社が対応すべき労務相談を行え、お客様の課題解決を提案できる | 当社が対応すべき手続きを行え、お客様の課題解決を提案できる | 勤務態度評価・業務量・質 | Level<br>Ⅴ | シニアコンサルタント | 240,000<br>～<br>210,000 |
| Stage 4<br>当社商品に改良を加えて提供できる | 就業規則の提案・受注・策定（改定）・納品ができる | すべての手続きを自立的にできる/すべての給与計算のチェックができる | | Level<br>Ⅳ | コンサルタント | 210,000<br>～<br>190,000 |
| Stage 3<br>当社商品を提供できる | 当社の一員として、ディスカッションで発言できる | 担当している手続き/給与計算は独力でできる | | Level<br>Ⅲ | シニアアソシエイト | 190,000<br>～<br>180,000 |
| Stage 2<br>さしあたって1人でできる | よくある相談には独力で回答できる | マンスリーの手続き/給与計算は独力でできる | | Level<br>Ⅱ | アソシエイト | 180,000<br>～<br>170,000 |
| Stage 1<br>新人 | ことば（業務用語）がわかる | 教えてもらって進めることができる | | Level<br>Ⅰ | アナリスト | 170,000<br>～<br>145,000 |
| Start | | | | Start | | 145,000 |

× 勤務態度評価・業務量・質 =

| 組織能力 | 格 | Class 1 |
|---|---|---|
| | 呼称 | ジュニアメンバー |

| マネジメント能力要件定義 | Start |
|---|---|

マトリクス人財育成制度では、次の１年間に、タテ・ヨコ・ナナメ、どのような成長をとりにいくかを面談で上司と部下が語り合います。

「当然ナナメです」とキッパリ答える社員は素晴らしいのかもしれませんが、それによって仕事が楽しくなくなり、苦痛でしかなくなってしまう、という状況は絶対に避けてほしいのです。

**「タテ・ヨコ、自分が求めている自己成長はなんだろう？」**

**「自分が求めている人生ビジョンはどんなものだろう？」**

**これをじっくり見つめ、上司と語り合える機会が持てる――、これが本書で紹介する新標準の人事制度のよさです。**

それでは次章から具体的に策定ステップを見ていきます。本書をテキストに「わが社ならではの制度」をつくっていきましょう。

| Class 2 メンバー | Class 3 ミドルメンバー | Class 4 シニアメンバー | Class 5 リーダー(ジュニア) | Class 6 リーダー(シニア) | Class 7 サブマネージャー | Class 8 マネージャー | Class 9 パートナー |
|---|---|---|---|---|---|---|---|
| | | ∞ ~ 335,000 | ∞ ~ 365,000 | ∞ ~ ∞ | ∞ ~ ∞ | ∞ ~ ∞ | ∞ ~ ∞ |
| | | 335,000 ~ 295,000 | 365,000 ~ 315,000 | ∞ ~ 325,000 | ∞ ~ 355,000 | ∞ ~ 395,000 | ∞ ~ ∞ |
| | | 295,000 ~ 265,000 | 315,000 ~ 275,000 | 325,000 ~ 285,000 | 355,000 ~ 315,000 | 395,000 ~ 355,000 | ∞ ~ ∞ |
| 245,000 ~ 215,000 | 255,000 ~ 225,000 | 265,000 ~ 235,000 | 275,000 ~ 245,000 | 285,000 ~ 255,000 | 315,000 ~ 285,000 | 355,000 ~ 325,000 | ∞ ~ ∞ |
| 215,000 ~ 195,000 | 225,000 ~ 205,000 | 235,000 ~ 215,000 | 245,000 ~ 225,000 | 255,000 ~ 235,000 | 285,000 ~ 265,000 | 325,000 ~ 305,000 | |
| 195,000 ~ 185,000 | 205,000 ~ 195,000 | 215,000 ~ 205,000 | 225,000 ~ 215,000 | | | | |
| 185,000 ~ 175,000 | 195,000 ~ 185,000 | 205,000 ~ 195,000 | | | | | |
| 新入社員のOJTを任せられる | 後輩メンバーのOJTを任せられる | 育成担当者になることができる | 部署にならない単位の長になる | 最小単位の部署の長になれる | 部署の長たちのなかのリーダーになれる | 部署をまたがってリーダーになれる | |

| 役職 | | |
|---|---|---|
| 係長 | 10,000 | |
| 課長代理、室長代理 | 20,000 | |
| 課長、室長 | 30,000 | |
| 副部長 | 50,000 | |
| 部長 | 70,000 | |

「社員を大切にする経営」に必要な3要素

　私が経営している社会保険労務士法人の経営方針は「よい会社をもっとよくする」ですが、「よい会社」については以下のように具体的に定義しています。

1. 社会の一員としてよき未来を創造していく組織
2. 社会に真に価値のあるサービス・商品を届ける組織
3. 社員を大切にする経営を続けている

　このうち「3. 社員を大切にする経営を続けている」を補足すると、社員を大切にする会社では、**①理念浸透ができている、②公正評価・適正処遇をしている、③法令遵守**の3要素が重要です。

　実はこの3つ、私が尊敬し慕っている社会保険労務士の入来院重宏先生から授かったものです。

　農業法人のサポートを専門とする入来院先生は、日本の農業の現場に、①理念浸透、②人事評価制度による成長実感、③法令遵守による労使間の信頼の強化の重要性を説き、日本の農業の職場水準を高めることに大きな貢献をしてきた方です。

　農業に従事する方は、ご自身の仕事の尊さややりがい、価値を、肌感覚では実感していても言語化されないことも多いようです。

　また、人事評価制度も存在せず成長が実感できないことや、労働基準法をはじめとする諸法令への遵守意識が薄いことなどから、新たな入職者が少なく、外国人労働者を招き入れても、彼らからも逃げられてしまうネガティブスパイラルにはまってしまうことがあります。

　そうした状況に「組織としての価値・成長・信頼関係」をもたらした入来院先生の功績は大きいと感じます。

　こうした考え方は、農業以外の多くの業種にも当てはめることができると思いませんか？

　読者の皆さんも、①理念浸透、②成長実感、③法令遵守、この3本柱をぜひ覚えておいていただきたいと思います。

第 **1** 章

プロジェクトを立ち上げる

# キックオフミーティングを行う

## 社長1人で策定した制度はうまくいかない

　人事評価制度の策定は、社長1人で実施してもうまくいきません。制度自体はできあがったとしても、運用されないからです。運用されているとしても、本来思い描いていたとおりに運用されないのです。

　そこで、人事評価制度は、**社内からメンバーを募り、プロジェクトとして進行させて策定する**ことをお勧めします。

　プロジェクト期間は約12か月間とします。この期間を通じて、メンバーとともに人事評価制度を策定していくプロセスそのものが、メンバーの育成につながります。自社の未来を人事評価制度によって切り開いていこうという強い当事者意識と知識を持つ社員がはぐくまれるからです。

　選定すべきメンバーは、**①幹部社員**（次期社長候補がいれば、その方）、**②未来のエース社員**、**③人事総務の社員**、そして**④社長**です。少なくとも①〜④1名ずつ4名のメンバーは必須です。①幹部社員と②未来のエース社員は複数名としてもよいでしょう。

　制度策定後の運用をスムーズに進めるため、**⑤事務局を務める社員**も任命し、プロジェクトに参加してもらいましょう（前記③の兼任でもOK）。

　ただし、事務局社員にはプロジェクトで意見を発信することは求めず、議事録を作成したり、次回プロジェクトまでにやるべきことを取

りまとめたり、社員アンケート等を実施したりする際の窓口を担ってもらいます。

　また、プロジェクトのメンバーから1名、責任者を任命しましょう。任命者は社長です。責任者は、社長以外の人が担います。

　人事評価制度の策定・運用は、思った以上に労力のかかる仕事です。これまで適正な制度がなかった場合、社内に新たに生まれる仕事になります。

　中小企業の場合、こうした労力のかかる新規の仕事は、社長が中心となって行いがちです。しかし、これを社長が担うのではなく、育成にコミットメントできる社員に任せてください。**人の育成は、人に仕事を任せることから始まる**からです。

　ぜひ、社長自身が、自ら仕事を幹部に任せていく姿勢、そして、思ったとおりにいかなくても仕事を取り上げず、自走するまではしっかり伴走する姿勢を示してあげてください。

　プロジェクトメンバーは、本書を事前の課題図書として読んでおくこととしてください。マトリクス人財育成制度の意義や、自社制度として応用することについて、あらかじめ一定のイメージを持ってからキックオフするほうが、より実りのある時間を持つことができます。

```
          準備しておくもの
      ● 自社の経営理念
      ● 自社の組織図
      ● 自社の中長期経営計画
```

## 初回ミーティングでワークを実施する

　初回のミーティングでは、プロジェクトメンバーに対して、まず人事評価制度の導入の発案者（多くの場合、社長になるでしょう）から、どういった思いで導入したいと考えるに至ったかを伝えましょう（第0章に「伝え方のヒント」をたっぷり記したつもりです）。

そのうえで次の「ワーク」を実施してください。

**①制度策定の目的を確認するワーク**

**②社内の課題を確認するワーク**

　ワークは、プロジェクトメンバー全員が発言できるように、ワークシートに個々の意見を書き出してもらう時間を設け、その後、シェアタイムを設けるといった工夫をして進行していきます。

　オンラインミーティングでプロジェクトを実施する場合は、まず各自の手元PCデバイスのメモ帳などに自身の意見を打ち込んでもらい、「せーの」でチャット欄に一斉に書き込むようにし、全員が意見を出せるようにします。

　人事評価制度は、運用フェーズに入ると、一般社員のすみずみにまで、人事評価制度の意義を理解してもらい、また、個々の社員に対しては、フィードバックを「言葉で」伝えていくことになります。

　そのため、**プロジェクトでは、参加メンバーに共通認識を持ってもらうだけでなく、語彙力を高めていくこともしていただきたい**のです。

　プロジェクトメンバーから、それぞれ意見が出たところで、人事評価制度策定の目的と、課題について、共通認識を取りまとめていきます。皆が出した共通の目的意識・課題感を収束させて1つにしていきましょう。

　また、**社長の思いをしっかりと伝達し、メンバーの合意を形成しながら、目的設定していくことも肝要**です。結局、社長が賛同できていなければ、その制度は、どこかのタイミングで終焉を迎えることになるからです。

　社長の仕事は、会社の行く末を決定すること。経営の意思決定が本業です。幹部社員の仕事は、社長の決定を、会社の正解・成功に導いていくことです。

　プロジェクトに集められた幹部以外の社員は、幹部候補です。社長の意思決定を正解・成功に導くために、各自ができることに意識をフ

# ワークシート①

## ① 人事制度策定（または改定）の目的は何ですか？

例：中長期経営計画の達成のため、最大の経営資源である人財を育成すること
　　将来を担うリーダーを輩出するため
　　会社のビジョンと社員の成長目標の方向性を一致させ強い組織をつくるため

# ワークシート②

## ② 目的から見えてくる現状とのギャップ（課題）は何ですか？

例：人財を育成する人財が不足している
　　指示どおりに動く社員が多く先読み・予測ができない
　　経営理念の浸透が弱いことと、自己成長意欲・目標への執着心が弱いこと

ォーカスしていけるよう、取り組んでいただきたいと思います。

　私たちがコンサルティングでクライアント企業にかかわらせていただく際には、このキックオフミーティングを最も重視しています。目的意識を明確にしておかないと、施策を具体的に決められず、迷走するからです。

　これは建築に似ています。まずどんな建物にしたいのか全体のコンセプトを決め、その後、工法を決め、だんだんと基礎工事・構造工事・水道工事・塗装工事等、各論に入っていきますが、それら工事が一気通貫してコンセプトに沿っていなければチグハグな建物ができあがるでしょう。

## 今後12回分のミーティング日程を先に決める

　人事評価制度の策定は、「未来の会社づくり」という重要度が高い取組みですが、緊急度は高くありません。

　プロジェクトメンバーに選任される社員は、社内でも多忙な存在であることから、日々の業務を優先し、ミーティングを先延ばしにされがちです。**緊急度は低いけれど重要度が高いことに着実に取り組むには、先に予定を確定させるに限ります。**今後行われる12回分のプロジェクトミーティングの日程を先に決めておくことをお勧めします。

　これをしておかないと日程を合わせることができず、プロジェクトが頓挫することもあるのです。特に、多忙を極める社長は、次から次へと新しいテーマがやってくるので、人事評価制度プロジェクトのミーティングを欠席する選択をしがちです。責任者を別の幹部に任せているからなおさらです。

　しかし、プロジェクトの期間中に社長から語られるメッセージが幹部社員を育て、自社の人事評価制度に魂を吹き込みます。継続して参加し、想いを込めた制度をつくり上げる姿勢を示すことが、後に続く幹部社員の心に響くでしょう。そのためにはプロジェクトの優先順位を高く設定し、予定を入れてしまう、それしかありません。

## バケツの中の石

　ある博士が学生にクイズを出しました。大きな石がゴロゴロ入っているバケツを見せて、

　「このバケツはいっぱいだろうか？」

　答えはNO。まだ小さな砂利が入ります。

　「これでバケツはいっぱいになったか？」

　まだ答えはNOです。粒子の細かい砂が入ります。

　「いよいよバケツはいっぱいになっただろうか？」

　学生たちの答えは、YESとNO、半々に分かれます。しかし、答えはNO。「バケツにはまだ水が入ります」

　実はこのクイズ、時間管理について教訓を伝えるための比喩だったのです。

　「もういっぱいだと思っていても、時間はまだまだあるはずだ」という教訓だったのでしょうか？

　いえ。そうではないのです。「石→砂利→砂→水」は、管理すべき出来事の重要度をたとえたものです。

　**重要度が低い順に予定を入れてしまうと、最も重要度の高い出来事（＝大きな石）はバケツに収まりません。**

　このクイズが伝えている教訓は、「重要度の高い出来事から先に予定を入れること」だったのです。

　人事評価制度策定という重要事項を実行するのであれば、まず先にプロジェクトメンバーの予定を確保することが成功のコツです。

　企業から人事制度策定のご依頼をいただく際、「3か月程度の期間でお願いしたい」といったリクエストを受けることは少なくありません。

　**結論を先に申し上げると、外部コンサルタントが早急に作成した制度は社内に浸透しない結果となります。**長年の経験から、そう断言できる事例を山ほどみてきたのです。

　そこで私たちは、社員をメンバーにしたプロジェクトを立ち上げ、進捗状況を社内に随時アナウンスしながら、「自分たちの制度だ」と思える制度を、じっくり時間をかけて自ら導入していくことをお勧めしているのです。

人事評価制度策定

**導入期**

| 1か月目 | 2か月目 | 3か月目 | 4か月目 | 5か月目 | 6か月目 |
|---|---|---|---|---|---|
| 調査<br>現状把握<br>方向性づけ | 等級システム<br>策定 | 勤務態度評価<br>制度策定 | MBOシステム<br>策定 | 給与システム<br>策定 | |

**運用期**

| 1か月目 | 2か月目 | 3か月目 | 4か月目 | 5か月目 | 6か月目 |
|---|---|---|---|---|---|
| 初回面談 | 評価者研修 | 新旧賃金<br>移行サポート | 目標設定<br>サポート研修 | ボーナス査定<br>サポート | |

多くの事例に携わってきたからこそ、時間をかける意義と重要さを実感しています。

下図は人事評価制度策定にかかる12か月間の進行イメージです。本書の構成も同じように設定していますので、自社で導入する際の参考にしてください。

なお、私たち社会保険労務士が専門家として関与する際も、1年目に制度策定と導入支援をし、サポートは2年目の運用期にまで及びます。それだけ時間をかけないと制度が定着していかないことを物語っているとお考えください。

「パッケージ化された人事評価制度に高額の費用を投じたが、運用がうまくいかない」という声もよく聞きますが、そもそも人事評価制度は、お金をかければ確実に運用できる類のものではないのです。

かるスケジュール

| 7か月目 | 8か月目 | 9か月目 | 10か月目 | 11か月目 | 12か月目 |
|---|---|---|---|---|---|
| 評価システム策定 | ポジションチェンジシステム策定 | 育成システム策定 | 手引き策定 | | 社員説明会 |

| 7か月目 | 8か月目 | 9か月目 | 10か月目 | 11か月目 | 12か月目 |
|---|---|---|---|---|---|
| 一般社員研修 | 評価者研修 | 制度改定会議 | 制度改定会議 | | 制度改定会議 |

# 理想の人財像を言語化する

## 「求める人財」と「期待する役割」を明らかにする

会社が求める人財は、どんな人物でしょうか？　それは、言語化され、社員と共有されているでしょうか？

ある会社では、「社長の右腕」となる人財を採用したいということで、募集広告に「社長の右腕として会社の発展を創り出していきませんか？」と銘打ち、採用活動を行いました。

破格の給与額を提示したことも奏功し、予想をはるかに上回る応募があり、そのなかから厳選して「この人こそは！」という人を採用しました。

ところが、1年と経たないうちに、「社長である私のやろうとすることに批判的態度で水を差すばかり。何の仕事もしてくれない」と、社長がその「右腕」を敬遠するようになり、社内でも浮いた存在になってしまったのです。

その社員の退職勧奨に私も同席しました。

「社長の右腕として、会社をよりよくするために、自分ができ得ることはすべてし尽くした。ところが、社長はこれをまったく評価してくれなかった。それどころか、徐々に具体的な仕事を回してもらえなくなり、仕事にやりがいを見出せなくなってしまった」

このように思いのたけを語った「元・右腕」の表情が忘れられません。

何が問題だったのでしょうか？

社長と「右腕」の相性など、問題といえることはいくつもあったのかもしれませんが、私が決定的に問題だと指摘したのは、「右腕」に**どんな仕事をしてほしいか、期待している役割は何なのかを明確にしていないこと**でした。

　社長は、「右腕」の働きぶりに満足していなかったので、高い給料を支払い続けることに納得ができずにいます。

　「右腕」は、社長が求めていることが何なのかがわからず、頑張っても頑張っても報われないことに不満を抱いています。

　お互いに不幸です。


　御社ではどうでしょうか？

　入社1年目の社員に求める仕事は明らかになっていますか？

　職務内容、職務遂行能力、勤務態度、業績はいかがでしょうか？


　仕事柄、経営者の立場の方から、「幹部社員が批判的態度ばかりとる」といった嘆きの声をよく聞きます。しかし、私の経験上、当の幹部社員本人は、まったく逆の考えを持っていることが多いです。

　「自分は幹部社員だから『単なるイエスマン』ではいけない。社長が気づいていない課題を見出して、会社をよりよくするための意見具申をしていこう」と気張っているのです。

　お互い「会社をよりよくしていこう！」という気持ちは一致しているのに、もったいないことです。

　私は、人事評価制度策定のコンサルティングで、多種多様な企業と数多くかかわりを持たせていただいています。

　その経験を通じて痛感するのは、社長が自らの仕事を部下に権限移譲していくことが非常に難しいということです。

　たとえば、銀行との交渉や、新規事業開拓のための人脈構築、来期事業計画の策定や、財務状況の改善、また、本書で取り上げている人事評価制度の構築も、「これは経営者の仕事。社員には任せられない」と思い込んでいる社長が少なくありません。

　そこで、社長には、**「普段やっている仕事を書き出してみてください」**とお願いしています。

- **経営理念浸透のために行っていること**
- **会社を存続・発展させるために行っていること**
- **売上を維持向上させるために行っていること**
- **社外での人脈づくり**　など

　いろいろな役割があると思いますが、本来、これらの一部を担うのが幹部社員です。

　「それを頼める幹部社員が当社には不在なのだ」と嘆く社長は、幹部社員に担ってほしい仕事をブレイクダウンしていきましょう。

　ちなみに、社員の方からは、「うちの社長は仕事をしていない」といった意見を聞くことがあります。社長は現場作業に一日中携わっているわけではありませんが、誰よりも重要な仕事を担っています。しかし、社員から見えている景色は、社長と違うのです。

　人事評価制度策定では、**経営理念から描かれる理想人財像の言語化が欠かせません**。次ページは「求める人財イメージ」を書き込むワークシートです。まず、社長が行っている重要な仕事も、社員が行う仕事も、言語化していきましょう。そうすることで「求める人財」が浮かび上がってきます。

## 「求める人財イメージ」を書き込んでみよう

| | 入社1年目 | 3年目 | 社長 | 例)1年目 |
|---|---|---|---|---|
| 職務内容 | | | | 手続代行業務をする |
| 職務遂行能力 | | | | 教わりながらできる |
| 勤務態度 | | | | ほうれんそうが自ら行える |
| 業績 | | | | 補助者として売上規模〇万円を担える |

## JOBリストをつくる

前項で「社員と社長の仕事・求める人財を出してみてください」と書きましたが、そうはいっても各自が担っている仕事を列挙するのは難しいものです。

そこで、**仕事を時系列で列挙するワーク**を実施します。

具体的には、まず下図のフレームをA3程度の用紙に印刷します。

次に、プロジェクトメンバーが、自身が日単位、週単位、月単位、

### まず仕事を時系列で列挙する

職　種

| 毎日する仕事 | 2〜3日・週単位でする仕事 |
|---|---|
| | |

半年・年単位、不定期に実施している仕事を付箋に書き出し、用紙の該当箇所にどんどん貼り出していきます。

　時系列で書き出すのは、仕事が漏れなく洗い出せるからです。ただ、時系列のままではまとまりがないので、今度はその付箋を同類の仕事でくくり直します。カテゴライズです。

　くくり直した仕事は「JOBリスト」として一覧にしてみましょう。

| | No. |
|---|---|
| 作成年月日　　　　年　　　月　　　日 | |
| 氏名 | |

| 月 単 位 で す る 仕 事 | 不 定 期 ・ 年 単 位 で す る 仕 事 |
|---|---|
| | |

まずは、同類の仕事に仕事区分の名前をつけ、主要な具体的仕事名を入れ、かつ、その仕事の遂行基準を記載します。

　**遂行基準としては「どの程度できていたらOKなのか」を記載**しましょう。

　ここではお勧めしませんが、遂行基準を考える際、「コンピテンシーモデル」といって、ハイパフォーマーに共通した行動特性をもとに、際立った長所を備えた「エクセレント」の基準を記載する例もあります。

　ただ、「OK水準」で記載しておくほうが現場に受け入れられやすいです。とりわけ初めて人事評価制度を導入するような場合は、「OK水準」のほうがうまくいくでしょう。

　このJOBリストには、「入社1年目に担ってほしい仕事は何か？」「中堅社員が担ってほしい仕事は何か？」「幹部社員に担ってほしい仕事は何か？」の答えが含まれているはずです。

　まずはプロジェクトメンバーがワークを通じてつくったリストを、社内の必要な部署の責任者に渡し、過不足があれば各部署で修正してもらうのも一案です。

　導入初年度から完璧なリストにする必要はありません、毎年、主要な仕事をリストに加えていき、充実化を図っていけばよいでしょう。

　なお、JOBリストはStage（タテ）とClass（ヨコ）で別個につくっていきますが（第2章で解説）、現時点では次ページのような、業務が一覧表になっている状態のままで大丈夫です。

## JOBリストとして一覧表にする（例）

| | 仕事の種類 | 主要な具体的仕事 | 主要な仕事の遂行基準 |
|---|---|---|---|
| 1 | 価値創造 | 社内会議への参加 | 社内の各種会議で「自ら」発言できる |
| 2 | 価値創造 | 社内広報 | 「働きがいを高めるような」発信を社内に向けて行える |
| 3 | 価値創造 | ギブアウェイの制作 | 顧客向け・見込み客向けに販促品・グッズなどを制作できる |
| 4 | 価値創造 | 自主開催セミナーの企画 | 企業価値が伝わるセミナーを企画できる |
| 5 | 価値創造 | 自主開催セミナーの運営 | 企業価値が伝わるセミナーを運営できる |
| 6 | 価値創造 | 水曜セミナーの担当 | サービスクオリティを高めるプレゼンに取り組める |
| 7 | 価値創造 | 社外広報 | 顧問先の取組みや著書・セミナーなどを社外関係各所に告知できる |
| 8 | 価値創造 | 社外広報 | 企業価値を高める社外向けのプロモーション・告知ができる |
| 9 | 価値創造 | HP等更新 | 顧客に届くHPをつくり適切に更新できる |
| 10 | 価値創造 | 業績 | 年収3倍程度の付加価値をコンスタントにあげられる部門づくりに貢献できる |
| 11 | 価値創造 | 対象部門ギブアウェイの企画・製作 | 対象部門にかかわるギブアウェイの立案と担当部署への制作依頼ができる |
| 12 | 価値創造 | 顧客管理 | 的確な頻度とタイミングでアプローチするための顧客管理ができる |
| 13 | 価値創造 | コンペティションへの参加 | 企業価値を高められる各種アワードへのエントリーを起案・実行できる |
| 14 | 価値創造 | 新商品開発 | 法改正など必要な情報や環境変化をいち早くキャッチアップし、商品化できる |
| 15 | 価値創造 | 顧客（既存・見込み）むけ発信 | 企業価値を高める発信を的確な頻度とタイミングで行える |
| 16 | 価値創造 | 顧問契約の紹介 | 指名で紹介を受けることができる（実際に紹介を受けた） |
| 17 | 価値創造 | 動画の作成 | 顧問先・見込み客に対して企業価値が伝わる動画を制作できる |
| 18 | その他 | 自己投資 | 自己のレベルアップのための何らかの自己投資をしている |
| 19 | その他 | 基礎力 | 基礎的な国語表現力、ビジネスマナーが身に付いている |
| 20 | その他 | 心得帖・ワークルール担当ページの編集 | 心得帖・ワークルールの担当ページを最新情報に更新できる |

# Stageマップをつくる
# （タテ軸1）

## プレーヤーとしての能力を評価する「Stage」

人の能力は、大きく2系統で語ることができます。

1つめは、**自らの技能により発揮される能力**。これを「実力」とよびます。

2つめは、**他の人に作用して他の人の能力を発揮させる能力**。自らの技能ではないという点が1つめと大きく異なります。

チームスポーツに置き換えれば、**1つめはプレイヤーとしての能力、2つめはコーチや監督としての能力**ということができるでしょう。

このうちの1つめの**プレーヤーとしての能力を評価する**のがStage（ステージ）です。人事評価制度の縦軸（タテ軸1）に該当します。

## 手順①　個々の社員に発揮してほしい能力を端的に言語化する

まずは、個々の社員に発揮してほしい能力を端的に言語化します。この能力を**5〜9段階程度でグレード付け**していきます。

よく「何段階程度にするのがふさわしいか？」と聞かれますが、意図するものが何もない場合は9段階を推奨しています。

1〜3が一般職層、4〜6が中堅職層、7〜9がベテラン・高度プロフェッショナル職層です。成長段階にある中小零細企業の場合、8〜9のステージは「未来枠」としておき、ここには現有社員をポジショニングしないでおきましょう。存在していたとしても、社長ただ1人だけの例も少なくないからです。

## 9段階でグレード付けしたStage

| | | |
|---|---|---|
| ベテラン | Stage 9 | 業界の革新となるような価値創造ができる |
| | Stage 8 | 他社からも指名がくる程度の付加価値提供ができる |
| | Stage 7 | 高付加価値を生み出せる |
| 中堅 | Stage 6 | 課題を見出し、自ら提案し提供できる |
| | Stage 5 | 工夫改善しながら業務提供ができる |
| | Stage 4 | 十分な業務提供ができる |
| 一般 | Stage 3 | 1人でできる |
| | Stage 2 | さしあたって1人でできる |
| | Stage 1 | 教わりながらできる |

## 手順②　部署ごとに具体的なStage設定をする

　部署ごとに求められる職務遂行能力の言語化は、異なるものであるはずです。そのため、**必要な部署ごとにStage設定**をしていきます。

　ある会社では、「総務部は、どちらかというとみんなのサポートに徹しているので、Stage 9まではとてもじゃないけど設定できません」と言われました。なるほど、それが正解なのであれば、総務部のハイステージは設定なし、ということもあり得ます。
　一方で、現在の総務部の未来に「経営企画・経営管理」を据えるなら、高度スキルを設定できるはずです。
　たとえば、海外拠点展開をしていくにあたり、現地法人の開設等も視野に入れている場合、これに伴う法的制約を知り、制約を乗り越え

ていく具体策を描くのは、管理部門の職務であると考えられます。

　「ウチの会社には、それを担える社員はいない」と、現況で決めつけてはいけません。**将来を見据えて、「こんな人財がいてくれたらいいな」という人物像を言語化してみましょう。**そこを目指して研鑽を始める社員が現れるかもしれません。


　また別の会社では、「ウチの会社には、決められた取引先に御用聞きにいく営業しかいないんだよな。本当の営業は自分しかしてないよ」と嘆く社長がいました。

　事情を掘り下げて伺ってみると、大口の取引先との契約が圧倒的な売上割合を占めており、こことのパイプ役となっている営業部長は古参の社員。感じはよく、顔つなぎとしては取引先からも信頼を得ているようでしたが、「新規開拓営業をする様子がまったくみられない」というのが社長の悩みのタネのようでした。

　しかし、よくよく調べてみると、当の社長を含め、従来から大口取引先との安定的な関係を構築して受注量を広げていく方針を採用してきたことは明らかで、新規取引先の開拓に力を入れてきた経緯はみえてきませんでした。

　「このままではマズイ」と危機感を持ち始めた社長は、現在、人事評価制度を活用して現状打破を試みています。**人事評価制度は、上手に運用すれば、社長が抱いている危機感や経営理念を社員に伝えるツールにもなります。**

　いずれ社員にも社長の想いが共有されるでしょう。営業部の仕事を9段階のStageに言語化することで、今後取り組むべき課題がはっきりと見えてくるからです。

　ちなみに、この会社でのコンサルティングでは、同社のプロジェクトメンバーである営業部長と以下のようなやりとりがありました。

**安中（私）**「求められる仕事をStage 9まで言語化してみましょう」
**営業部長**「ウチは新規開拓していく営業スタイルじゃないからねー」
**安中**　　「なるほど。御社は今後も新規開拓がない現状のままでいくんですか？　それで大丈夫なんでしょうか？」

**営業部長**「うーん、どうだろうね。社長、いかがでしょうか？」

（社長が答えようとするのを私が遮り……）

**安中**「社長に答えを求める状態というのはStageいくつくらいの仕事になりますか？　中期的に課題を見出し、新たな戦略を立て、現場に落とし込んでいくのは、営業部としてはStageいくつぐらいの仕事になりますか？」

**営業部長**「うーん、いままで経営戦略を立てるなんて仰々しいことはしてこなかったけどさ、それをウチでやれる人がいるとしたら、それは営業部長の仕事なんだろうねぇ……」

こうしたやりとりを通じて、社員が自らの仕事に求められることを未来志向で言語化できるようにしていきましょう。

下表ならびに次ページ以降に掲載したのは、仕事を9段階のStageに言語化したStageマップの例ですので、参考にしてください。

下表は歯科クリニックのStageマップ、50〜51ページは私が社長を務める社会保険労務士法人のStageマップ、52〜53ページは高度技術系企業のStageマップになります。

自社の等級定義は、54、55ページのフレームを用いてつくってみてください。

**例1　ある歯科クリニックのStageマップ**

|  | 医師 | 歯科助手 | 歯科衛生士 | 受付 |
|---|---|---|---|---|
| Stage 8 | 業績値5 |  |  |  |
| Stage 7 | 業績値4 |  |  |  |
| Stage 6 | 業績値3 | クリニックの技術水準を牽引する | クリニックの技術水準を牽引する |  |
| Stage 5 | 業績値2 | 幅広く任せられる | 幅広く任せられる |  |
| Stage 4 | 業績値1 | 任せられる | 任せられる | 新たな価値を提供できる |
| Stage 3 |  | 工夫改善をしながらできる | 工夫改善をしながらできる | 幅広く任せられる |
| Stage 2 |  | 単独でできる | 単独でできる | 工夫改善をしながらできる |
| Stage 1 |  | 教わりながらやる | 教わりながらやる | 教わりながらやる |

## 例2　社会保険労務士法人のStageマップ

| Stage 育成基準 | | | |
|---|---|---|---|
| 担当している（した）部門 ／ 担当を担える力 | そだてる室<br>（人財育成） | ささえる課<br>（人事） | ささえる課<br>（経理） |
| Stage 9<br>業界の革新となる価値を創造できる | 人事制度コンサルを他社に指導できる | | 経営計画を他に指導することができる |
| Stage 8<br>他社からも指名で依頼がくる程度の付加価値提供ができる | 人事制度構築・教育の立案を独力でできる | | 経営計画を実できる |
| Stage 7<br>当社らしい高い付加価値を提供できる | 人事制度の改善・運用を独力でできる | | 経営計画の担分野を立案できる |
| Stage 6<br>提供先の「課題」の本質を見出し、解決策を提案・提供できる | 企業の課題の本質を見出し解決策を提供できる | 経営に必要な提案をすることができる | 決算を独力でできる |
| Stage 5<br>経営理念に基づき、プロとして工夫・改良を加えて業務提供し、提供先の依頼に応えることができる | メンバーの「らしさ」を活かした業務提供ができる | 経営に必要な実施と報告を、求められずに提供できる | |
| Stage 4<br>当社のメンバーとして十分な業務提供をし、提供先の依頼に応えることができる | 他部門の業務内容を理解している | ルーチン業務にイレギュラーが生しても独力で対応できる | |
| Stage 3<br>1人でできる | | | |
| Stage 2<br>さしあたって1人でできる | | | |
| Stage 1<br>1人でできるように（初めて業務を行う人向け） | | | |

| パートナー<br>（労務相談） | エージェント<br>（手続き等代行） | コンサル・エデュケーション<br>※コンサルタントではない | メディア | ゼロ<br>（営業） | その他、当社に必要な能力 |
|---|---|---|---|---|---|
| コンサルを他社に指導できる | | | | | コンサルを他社に指導できる |
| コンサルを独力でできる | | | | | コンサルを独力でできる |
| コンサルを指導を受けながら対応できる | | | | | コンサルを、指導を受けながら対応できる |
| ディスカッションパートナーを独力で対応し、お客様の課題の本質を見出し解決策を提案できる | 手続き/給与/助成金に関し、お客様の課題を見出し解決ができる | お客様の要望に応じるだけでなく、経営課題の解決につなげることができるプログラムを提供できる | ターゲットの経営課題を見出すきっかけとその解決につなげることができるコンテンツを提供できる | ゼロ業務のすべて（広報・営業他）を担うことができる | 当社の課題の本質を見出し担当業務での解決策を提供できる |
| ディスカッションパートナーの一員としてお客様に価値を感じてもらえる発言ができる | 手続き/給与/助成金に関し、お客様の要望に合うサービスを提供できる | 既存のプログラムにとどまらず、要望に合わせたアレンジを加えることができる | 当社ならではのエッセンスを加えたコンテンツを提供することができる | 常に改善を加えた進化する営業ができる | 担当業務に当社らしさを加えて提供できる |
| イレギュラーな相談/手続き/給与計算/助成金の提案等を独力でできる | | 希望に沿ったプログラムを提供できる | ターゲットに合わせたコンテンツを提供できる | 当社の価値を伝えることができる | 担当業務の最先端の知識・技術を活かすことができる |
| 基本的な相談/手続き/給与計算/助成金の提案等を独力でできる | | | | | 社労士業務の価値を理解し担当業務で活かすことができる |
| 基本的な相談/マンスリー手続き/給与計算をフォローを受けて進めることができる | | | | | 担当業務を独力で進めることができる |
| 相談/マンスリー手続き/給与計算を教えてもらって進めることができる | | | | | 担当業務をフォローを受けて進めることができる |

例3　高度技術系企業のStageマップ

| | 営　業 |
|---|---|
| **Stage 9** | 先進的なサービスの開拓や市場化をリードした経験と実績を有しており、世界で通用するプレーヤーとして |
| **Stage 8** | 業界を活性化させるビジネス構築の実績を上げ、社外ビジネスを巻き込むビジネスプレーヤーとして認められる |
| **Stage 7** | 会社のビジネスプランの方向性に対し、リーダーシップを持って戦略の構築に取り組み、その実施をやりきることができる |
| **Stage 6** | 組織が目指すビジネスの活性化のため積極的な活動を行い、ビジネス拡大の実績が認められる |
| **Stage 5** | 組織におけるビジネス計画を立案し、計画を達成するため必要な課題を抽出して対策に取り組むことができる |
| **Stage 4** | 組織目標を実現するための個人目標の定義と実施及び、必要な顧客対応を行うことができ、営業活動全般の業務を単独で担うことができる |
| **Stage 3** | 上位者の指示を得ながら、販売、開発業務活動または、担当する業務を進めることができ、同時に下位者の指導ができる |
| **Stage 2** | 基本的なビジネスワークフローを１人で進めることができ、上位者とともに、顧客の対応を行う |
| **Stage 1** | ビジネスワークフローを学びながら上位者の指導に従って業務を行う |

| 技　術 | 管　理 |
|---|---|
| 忍められる | |
| 社内だけでなく国内業界においても、プロフェッショナルとして経験と実績を有しており、国内トップクラスのプレーヤーとして認められる | |
| 社内においてテクノロジーの方向性の決定にリーダーシップを持ち、自身の技術力に基づき新しいビジネス戦略を構築する能力を有する | |
| 会社のビジネス戦略に寄与した経験と実績を有しており、テクノロジーをリードする存在として社内のハイエンドプレーヤーとして認められる | |
| 社内においてプロフェッショナルとして求められる経験と知識を後進育成のために活かしており、個別プロジェクトの収支に対して責任を有する | 業務に精通し、円滑な組織運営を遂行できる |
| プロフェッショナルとしてスキルの専門分野が確立し、自らのスキルを活用することによって、独力で業務上の課題の発見と解決をリードすることができる | 業務全般を行え、組織目標実現に取り組むことができる |
| 独自で要求された作業を担当することができる。プロフェッショナルとなるために必要な基本的知識・技能を有する | 担当業務を的確に行い、自主的に問題解決ができる |
| 上位者の指導の下に、要求された作業を担当することができる | 担当の定常業務を1人で行い、必要な能力を習得する |
| 基本的な作業について、期限内に正確な処理を行うことができる | コンプライアンス意識を持ち、指示に基づき日常業務を行う |

Stageマップをつくってみよう（Stage＝タテ軸の等級定義）

| 階層 | ステージ | 資格呼称 | 対応職位 | 昇格 | 滞留年数<br>（期待） | モデル<br>年齢 |
|---|---|---|---|---|---|---|
| ベテラン | 9 | | | ① | | |
| ベテラン | 8 | | | | ② | |
| ベテラン | 7 | | | | | ③ |
| 中堅 | 6 | | ④ | | | |
| 中堅 | 5 | ⑤ | | | | |
| 中堅 | 4 | | | | | |
| 一般 | 3 | | | | | |
| 一般 | 2 | | | | | |
| 一般 | 1 | | | | | |

## フォーマットに使われている用語の解説

**昇格**（①）は、卒業方式か入学方式かを表示させることになるものです。
**卒業方式**は、下位のグレードの要件をすべてクリアすると次のグレードに昇格できる考え方です。下位グレードの要件をクリアし、かつ、上位グレードの要件の一部をすでに担えていることを条件にする設計方法もあります。**入学方式**は、下位グレードの要件をすべてクリアした社員のなかから、選抜された者が上位に昇格できる考え方です。

**期待滞留年数**（②）は、「何年くらいで次のステップに進んでくれたら理想的だな」と思える年数を記載します。

御社の**上位20％の理想人財をイメージして設定**してみてください。

要件滞留年数を入れるやり方もあります。その場合、「このランクで○年滞留しなければ次にはいけない」という縛りが設けられることになります。社員に対して「そう簡単には上にはいけないよ」という現実を伝えることができますが、年功序列感が強まります。

| 等　級　区　分<br>（端的に表現すると） | 等　級　定　義<br>（どういった能力・役割を求めるか） |
|---|---|
| | |
| | |
| | |
| | |
| | |
| | |
| | |
| | |
| | |

　**モデル年齢**（③）も期待滞留年数（②）と同じく、「○歳の頃にはこのステップにいてくれると嬉しいな」という理想を描きます。

　私の感覚では、30代前後の社員が最も活躍できている会社は活気があり、社員が成長していくムードに満ちていると感じます。ただ、現実をみると、社員の平均年齢は高まっている会社が多いです。

　以前、「22年間、新卒採用なし」という地方の老舗有名企業から相談を受けたことがあります。地元では知らない人がいない商品を製造しており、多くの人々に愛されている企業ですが、社内では深刻な高齢化が進んでいました。「一企業の問題というより、地域社会の課題でもあるな」と感じたものです。その後、同社では新卒採用を再開し、腰を据えて長期プランで社員育成をしていくことになりました。

　もちろん、そのために人事制度が機能することになります。モデル年齢を設定して未来を描いてみると、後述する賃金設計においても具体的イメージが深まります。

　**対応職位**（④）は、係長→課長→部長→事業部長→取締役といった

職位のルートが置かれるのが一般的ですが、呼称は自社にマッチしたものにしていきましょう。**大企業や一般的な職位を無理に真似する必要はありません。**

**資格呼称**（⑤）は、**自社独自の呼称を付けてステージ分けすることも有効**です。

あるコンサル系の会社では、下からアソシエイト→コンサルタント（ジュニア→シニア→エグゼクティブ）→パートナーと、グレードに応じた呼称を用い、名刺に印刷する肩書きでも活用しています。

IT系企業などでは、一定Stage以上の社員はプロジェクトマネージャーを担うことができるとし、対応職位にPM（プロジェクトマネージャー）と表示させる運用をしているところもあります。

従来からの職能等級資格制度においても、何等級の社員であるか、というのは社内における人事評価上の指標にすぎず、対外的に示すものではありません。対外的には、職位（いわゆる肩書）でその人のポジションを示します。同様の趣旨で肩書を付けていきたいという場合、呼称が有効になります（後述しますが、呼称はマトリクス人財育成制度ではタテ・ヨコ2種類に付くことになります）。

そのほかユニークな例としては、銀河系の惑星を呼称にしたり、「和をもって尊しとなす」が社訓のX社では、冠位十二階をベースにイメージカラーも活用するなど、各社それぞれに楽しんで設定しています。

意表を突いた例ですと、「私は○○社の〈秋元康〉の立場です」「私は〈たかみな〉のポジションにあたります」など、メンバー数の多いアイドルグループのリーダー名や、そのプロデューサー名を呼称に用いた会社もありました。

**X社のStage名**

| Stage | | |
|---|---|---|
| | 大 徳 | 紫 |
| | 小 徳 | |
| | 大 仁 | 青 |
| | 小 仁 | |
| | 大 礼 | 赤 |
| | 小 礼 | |
| | 大 信 | 黄 |
| | 小 信 | |
| | 大 義 | 白 |
| | 小 義 | |
| | 大 智 | 黒 |
| | 小 智 | |

位 ↑

そのStage名について、どういうポジションなのか社員全員が具体的にイメージでき、むしろ今までよりも親しみを感じられるようであれば、従来型の等級による明示にしなくてもよいでしょう。

# Level基準をつくる（タテ軸2）

## 勤務態度・業務量・質を評価する「Level」

タテ軸1としてStageを設定しましたが、タテはもう1軸あります。それが**Level**です。Stageは能力を評価する軸でしたが、Levelは**賃金を決定する軸**になります。

Stageで決定されたグレードは原則、Levelにそのまま反映されるため、基本給の決定に直結します。ただし、適切な調整がかけられるよう**調整弁**が設けられています。

調整弁として加味するのは、①勤務態度、②業務量・質（＝アウトプット）の2つの評価です。それぞれ説明していきます。

## ① 勤務態度の評価

勤務態度は、以下の4つの観点で評価項目を言語化します。

| (1) 規律性 | ルール・諸規則を守り、職場秩序の維持向上に自ら取り組む態度 |
|---|---|
| (2) 責任性 | 組織の一員としての職責を認識し、熱意を持って職務を果たす態度 |
| (3) 協調性 | 役割をわきまえ、関係者と協力し、良好なる人間関係を形成する態度 |
| (4) 積極性 | 担当業務の新しい仕事・困難な問題に率先して取り組む態度 |

これはStageの上位下位に関係なく、全社員対象の評価項目です。勤務態度は組織文化の指針であり、社風づくりに欠かせません。どんなに業績を上げていても、協調性がない社員は悪影響をもたらします。

その協調性は、組織によって大切にする観点が異なるものなので、共通認識の事項にしておくことが大事です。

　集団生活を営むうえで守らなければならないことを明確にし、お互いの人格を認め合うために大切な事柄を定め、自社の文化を効果的につくっていけるようにします。

　**勤務態度の評価項目は、「具体的な行動ベースで行えるもの」で定めます。抽象的な項目は、抽象的な評価になってしまうからです。**

　56ページで紹介したStage名と同様に、勤務態度についても、「FEELGOOD評価」や「マインドセット評価」等、自社の「らしさ」を発揮させた呼称で設定してもよいでしょう。

　さらに、表彰制度やサンキューカード制度といった、社風づくりを後押しする施策と連動させるなど、アイデア次第で活用シーンを幅広くすることができます。

　この勤務態度評価は、**プロジェクトメンバーの枠を超えて、社員全員参加で策定することをお勧めします。**

　例えば、**「規律性・責任性・協調性・積極性」の観点から、「わが社で働く人として大切にしたい行動をあげてください」と社内アンケートをとるのも一案**です。

　次ページ表は、精密機械工業を手がけるU社の勤務態度評価項目です。「規律性・責任性・協調性・積極性」の4つの着眼点から、社員に求められる行動について社員アンケートを実施し、上位項目を人事評価制度の評価項目にしました。

　このなかで私の目にとまったのは、規律性に「物の置き方は直角・平行」という項目があったことです。

　実際、同社に訪問すると、スリッパの置き場と脱ぎ場、ホワイトボードの各種ペンとイレイサーの置き場など、ありとあらゆるものにホームポジションがテープで示してあります。

　演劇の舞台やテレビ収録のスタジオなどで、出演者の立つ位置や道

# 精密機械工業U社の勤務態度評価

| 規律性 | 気持ちよく働ける職場 | | |
|---|---|---|---|
| 得票数 | 代表文（各自が書いてくれた項目と同じ区分で象徴代表文を紹介します） | 補足1 | 補足2 |
| 41票 | 勤務時間を守る | | |
| 25票 | 進んで挨拶をする | | |
| 22票 | 服装・身だしなみに気をつかう | | |
| 21票 | 周りの人を不快にさせる言動をしない | | |
| 19票 | 物の置き方は直角・平行 | | |
| 14票 | 一度決めたルールを守る | | |
| 13票 | みんなで掃除する | | |

| 責任性 | 安心して任せられる会社 | | |
|---|---|---|---|
| 得票数 | 代表文（各自が書いてくれた項目と同じ区分で象徴代表文を紹介します） | 補足1 | 補足2 |
| 46票 | ミスしたとき・わからないときはすぐに上司に報告・相談する | | |
| 27票 | 任された仕事はやり遂げる | | |
| 21票 | 納期を守る（最重要！） | | |
| 16票 | 会社全体で取り組むべきことを他人ごとと考えない | | |
| 14票 | 人任せにしない | | |
| 12票 | チェックと確認を確実に行う | | |
| 10票 | 自分の役割を認識して行動する | | |

| 協調性 | みんなの力を感じる会社 | | |
|---|---|---|---|
| 得票数 | 代表文（各自が書いてくれた項目と同じ区分で象徴代表文を紹介します） | 補足1 | 補足2 |
| 43票 | 自分の仕事をこなした上で周囲の仕事も協力する | | |
| 24票 | 相手を気遣い譲り合う気持ちを持つ | | |
| 23票 | 誰の話でも聞く | | |
| 15票 | コミュニケーションの取れる職場をつくる／対話を重視する | | |
| 13票 | 情報共有する | | |
| 10票 | 社内行事には進んで参加する | | |
| 5票 | 笑顔を心がける | | |

| 積極性 | 切磋琢磨して働きがいのある職場 | | |
|---|---|---|---|
| 得票数 | 代表文（各自が書いてくれた項目と同じ区分で象徴代表文を紹介します） | 補足1 | 補足2 |
| 25票 | やったことのない仕事も進んでする | | |
| 23票 | 段取りよく早めに仕事を進める | | |
| 21票 | 自らの目標達成に向け努力する | | |
| 17票 | 自分の考えを発言・発信する | | |
| 14票 | 新しい仕事に進んで取り組む | | |
| 12票 | 面倒な仕事も嫌がらずにする | | |
| 12票 | 気づいたら、即行動 | | |

具を置く場所にあらかじめ目印を付ける「バミる」という業界用語がありますが、まさに「バミってある」状態です。精密機器を扱う同社において「直角・平行にピシッとものを配置すること」は当たり前であり、この常識を大事にしたいという意見が多かったのでしょう。

この例からもわかるように、**社風は各社で千差万別。御社の「らしさ」が表れる評価項目になるのがベスト**です。

## ② 業務量・質の評価（アウトプット評価）

業務量は適正で不足がないか、仕事ぶりにミスや粗雑さはなく高い質であるかを測ります。

中小企業では、個々人が担う仕事と範囲、組合せが多岐に渡り、同様の仕事に就いている人員数は極端に少ないのが通例で（例：総務職は1名だけ等）、業務量と質の評価基準を定めておくことはナンセンスです。そこで評価指標は持ちつつも、業務の内容や量は自己申告とし、評価は上司ならびに自己評価により行うこととします。

なお、能力が高くStageが上のほうであっても、それを発揮することができなければLevelは下がります。Stageは低くても、発揮度が高い場合はLevelは上がります。Levelは、前述した①勤務態度のほか、②業務の量と質を評価して決定します。

**私が経営する社会保険労務士法人のLevel自己評価シート**

| 項目 | | 基準 | 自己評価 | 期末評価 |
|---|---|---|---|---|
| 職務の量 | | 担当している仕事を所定時間内に適切に処理できており、そのボリュームも適切である | | |
| 職務の質 | | 担当している仕事にミスはなく、丁寧でわかりやすい | | |
| "当社らしさ"力 | 良い会社をもっとよくする | 五感を使いお客様を感じ、共にビジョンに向かって余裕で歩みます（導きます） | | |
| | よくする力となる人づくり | チームで知識・経験を共有しスピードアップで解決します | | |
| | 迷ったら、ススメ | 迷ったら進みます | | |
| | 貢献と好奇心 | 貢献意欲と好奇心を持ち、業務を遂行します | | |

上司との面談の際、部下は以下の基準で自身の勤務態度の評価を行っています。
5：指導的なレベルでできた　4：自信をもってできた　3：どちらかといえばできた　2：どちらかといえばできなかった　1：できなかった

**Stageは、一度獲得したら、そこから下がることはありません。一方、Levelは、その時々の状況で変更することもできます。**

たとえば、メンタルヘルス不調による休職から復帰後の一定期間、あるいは、職場復帰後に部署異動を本人が希望したことにより新たな職務を担うこととなった場合などにLevelは下がることになります。

## 人事評価制度は疑われるもの。だから皆でつくる

　過去を振り返ると、不況時の賃金再配分が求められる時代に、新たな人事評価制度の枠組みを導入しようと試みてきた歴史がみえてきます。

　そういった背景も手伝ってか、人事評価制度の導入や改定には、ネガティブな感情を抱く社員が一定数います。「自分たちに評価というレッテルを貼り付け、できていないと決めつけ、給与を下げようとしているんだろ」という声が聞こえてくることもあります。

　「そうではないよ。もっとよい会社をつくろうとしているんだよ。成長実感と貢献実感が得られて、その結果、組織が成長発展して、巡り巡って給与が上がっていくステップをつくっているんだよ」

　こんな語りかけを繰り返し行うことも重要ですが、論より証拠、**みんなで参加して一部をつくることの効果は絶大です。**

　私は、プロジェクト期間中にカルチャーデイと名づけた「未来のわが社を考える日」を実施することをお勧めしています。

　私が代表を務める会社では、年に３回、通常業務を一切しない日を設け、さまざまなワークを通じて「未来のわが社」について、社員全員で考えています。

　勤務態度評価も、こうした場を通じて社員参加型で策定していくと、新たな人事評価制度に皆が親しみを持てるようになるので、お勧めです。

カルチャーデイでの発表のひとこま。ワークショップのほか、Googleが提供するフォーム作成ツール「Googleフォーム」で社内アンケートをとることも。

61

## Level決定は人事政策

「Stageは上がりきれていないが、先にLevelを上げておきたい社員」
「年収調整が必要になるためLevelを上げる（下げる）調整をしなくて
はならない社員」など、人事評価では多様なケースが想定されます。

　Levelは、「モノサシでははかりきれないところを、目的に向かって
うまくやりくりするために実施する**人事政策**」「多様なケースに対応
させる**調整弁**」の役割を果たします。

　人事制度は対象が「人」であり、「心のある生き物」ですから、杓
子定規にいかないことが、まま起こります。そんなときは「政策決定」
が必要ですが、硬直的な制度だと、こうした微妙なケースの評価を表
現しきれず、結果的に社員からは信頼度・納得度の低い制度にみられ
てしまいます。**現場の実務における「現実的な対応策」として生まれ
たのがLevel**なのです。

　詳細は第5章「評価システム・給与改定システムをつくる」で解説
していきます。

column

普段できない「深層の対話」を繰り広げよう

　ここで忘れられないU社との思い出話を書き留めておきたいと思い
ます。U社が人事評価制度を導入したきっかけは、社長の交替でした。
高齢となった社長が、1年後に社長業を娘へとバトンタッチするにあ
たり、ミッションの1つとして制度を策定することにしたのです。

　それまでは社長の絶妙な勘により社員の処遇を定めてきましたが（私
はそれを「勘ピュータ」と呼びました）、新米の娘に勘ピュータの駆使は酷
であろうと、社長は人事評価制度をつくることにしたのです。

　プロジェクトは、社長、娘（次期社長）、古参の社員、次世代を担う
社員、経理総務担当者（社長の孫）の面々で進行していきました。

　プロジェクトでは、こんな会話がありました。

安中：これまで社長はどんな社員を高く評価してきたのですか？

社長：『あの鐘を鳴らすのはあなた』っていう歌、知ってるかい？

安中：和田アキ子さんのヒット曲ですね？

社長：歌詞に「あなたには希望の匂いがする」というのがあるのよ。**希望の匂いがする——、そういう社員を僕は評価するよ。**

安中：社長！　めっちゃ、わかります！　そして、めっちゃ、わかりません！　ほかにはどんな評価要素があるのですか？

社長：あのね、レース編みって知ってるかい？　**レース編みをやらせたら、ものすごく上手にこしらえる——、そういう繊細さを指先に持っているような人を僕は評価するね。**

　穏やかな笑顔から次々と繰り出される社長の思いが詰まった言葉たち……。最初は雲をつかむような対話でしたが、だんだんと形ができていき、1年後、社長交替と時期を同じくして、新・人事制度の発表会を地元のホテルで盛大に執り行いました。

　発表会には私も参加し、新社長が最初の一歩を踏み出す姿を見守らせていただいたのです。ほどなくして、人事評価制度に愛を乗せ切った社長は、息を引き取りました。

　後日、新社長の娘さんは、こうおっしゃっていました。

　「プロジェクトの場で聞いた数々の父の哲学や考え方は、初めて知るものも多かったです。生前に聞くことができてよかった。たとえば、『あの鐘を鳴らすのはあなた』のエピソードがあったでしょう？　仕事一辺倒の父が歌謡曲を聴くなんて、娘の私はあのときまで知らなかったし、すごく意外でビックリしたんですよ」

　親子で会社経営をしていると、コミュニケーションの多くは業務連絡になりがちで、**「何を大切にしているか？」といったコアな経営哲学を語り合う機会は、意外と多くない**のかもしれません。

　プロジェクトでは是非、普段はしない「深層の対話」をメンバー間で繰り広げてみてはいかがでしょうか。

# Classの等級をつくる（ヨコ軸）

次に横軸の等級フレーム「**Class**」をつくります（フォーマットは66〜67ページ参照）。

横軸は、他の人の真価本領発揮を手伝うことができる能力を持った人をより高く処遇する評価軸です。**「組織を任せられるか？」を観点に要件定義**を置いていきます。

### Classの例①

| | 共通 | 対応職位イメージ |
|---|---|---|
| Class 8 | 経営 | 取締役 |
| Class 7 | 幹部 | 事業部長 |
| Class 6 | 部門統括 | 部長 |
| Class 5 | 他部門との連携 | 課長 |
| Class 4 | 部下指導 | 係長 |
| Class 3 | 後輩への指導 | |
| Class 2 | 行動指針の体現 | |
| Class 1 | 行動指針の理解 | |

組織を任せられるかどうかの基準は、各社でさまざまです。

営業畑で長年キャリアを積んだ管理職が、人事異動により物流部門の部長に就任。物流の専門分野は部下のほうが格段にStageが高く、新任部長は部下に技術的なことやオペレーションを教えてもらいながら部門を統括し、組織目標の達成に向けてミッションを果たしていく——。行政機関や大企業ではよく起こるこうしたケースにおいて、マネジメント能力を発揮することが「ヨコ軸」で求められる能力です。

同様のことは、ベテランパート社員と新任の正社員でも起こります。あるファストフードチェーンでは、研修を終えた新入社員が店長として赴任すると聞きます。現場のことはパート社員の知識にはかないません。店長は現場に精通するメンバーの力を借りながら、チームとしての成果を取りに行くわけです。ヨコ軸にはコミュニケーション能力や交渉力等が求められます。

下表のように、自社の経営理念やクレドへの共感度を重視する会社も少なくありません。これは、上下関係のない、フラットな組織づくりを意図している会社に多い印象があります。

### Classの例②

| Class 6 | 取締役 | クレドを体現する |
|---|---|---|
| Class 5 | 執行役員 | クレドで判断できる |
| Class 4 | 部長 | クレドに基づいた指導ができる |
| Class 3 | グループ長 | クレドを伝える |
| Class 2 | ユニット長 | クレドを実行しようとしている |
| Class 1 | メンバー | 日々の行動とクレドがつながる |

人事評価制度を導入するとメンバーの評価育成を担う評価者が必要

**Class（ヨコ）にかかる等級定義**

| 階層 | クラス | 資格呼称 | 対応職位 | 昇格 | 滞留年数（期待） | モデル年齢 |
|---|---|---|---|---|---|---|
| 幹部 | 9 | | | | | |
| | 8 | 54、55ページ「フォーマットで使われている用語の解説」参照 | | | | |
| | 7 | | | | | |
| 中間管理職 | 6 | 階層はStageが「一般→中堅→ベテラン・高度プロフェッショナル」と設定されていたのに対し、Classでは「一般→中間管理職→幹部」となります。会社を任せていきたい人なので、執行役員や取締役等の経営層はヨコ軸から登用していくことを想定してのことです。 | | | | |
| | 5 | | | | | |
| | 4 | | | | | |
| 一般 | 3 | | | | | |
| | 2 | | | | | |
| | 1 | | | | | |

になります。

　マトリクス人財育成制度では、一次評価者、二次評価者として、組織をより広範囲にみていける人財を抜擢登用していくことを、Classのヨコ軸で表していきます。

　その意味で本制度は「上司をつくる制度」ともいえ、フラットな組織を志向している会社にはミスマッチに感じられるかもしれません。

　ただし、**真にフラットな組織というのは、組織の構成メンバーである社員全員が「上司（究極的には社長）」の意識レベルに達していないと機能しない**と私は考えています。

　したがって、自社の組織レベルを冷静に見つめ、全員の意識レベルの高まりがフラット組織を許容するものになっていないと判断されるのであれば、上司をつくっていくステップを踏む本制度が、最終的にフラットな組織づくりにつながる道になるでしょう。

| 等　級　区　分<br>（端的に表現すると） | 等　級　定　義<br>（どういった能力・役割を求めるか） |
|---|---|
|  |  |
|  |  |
|  |  |
|  |  |
|  |  |
|  |  |
|  |  |
|  |  |
|  |  |

## 従来型の制度は「名選手は名監督」という幻想にとらわれがち

　人事評価制度の策定コンサルティングをする際、私は社長に「組織図と職務分掌規程を見せてください」とお願いします。

　すると、「組織図はあるけれど、このとおりの機能にはなってなくてね……」と打ち明ける社長がかなりおられます。

　つまり、すべての面において社長が陣頭指揮をとっているのです。

　「生身の人間である社長がすべて1人で指揮をとる」では、組織の発展に限界が生じるのは当然です。

　**社長の仕事を引き継ぐ人を増やしていくことが組織発展のキーとなります。**プロジェクトに参加する幹部社員や未来のエースに、この狙いに気づいてもらうことも、人事評価制度策定の重要なポイントです。

　なお、当たり前と思われる人もいるかもしれませんが、ヨコ軸（管理職的要素）でステップアップしていく社員の技能力が卓越している

とは限りません。

　逆に、「名選手必ずしも名監督にあらず」といわれるように、自身の技能力が卓越しているからといって、部下のマネジメントや育成力も卓越しているとは限りません。

　世界の鉄鋼王アンドリュー・カーネギーの墓碑に、「己よりも優れた者に働いてもらう方法を知る男ここに眠る」と刻まれていることは、あまりにも有名です。
　**自分よりも能力の高い社員と一緒に働くことができる人を横軸で評価しましょう。これも組織発展のキーとなります。**

　従来の人事評価制度は、「名選手は名監督であるはず」という幻想に立脚しているきらいがありました。
　たしかに、豊富な人財を要する大企業なら、どちらも兼ね備えた人物をステップアップさせることで、「名選手かつ名監督」が誕生するかもしれません。実際、私が出会う上場企業の部長職や役員レベルにある方々は、人格者で人望もあり、現場での実績も存分に積んでこられたケースがほとんどです。
　しかし、**中小企業の現場は、豊富な人財がいるとは限りません。その結果、人物的に信頼がおけ、部下を育成することができる人よりも、自分のチカラで稼げる人を登用しがちです。**
　これでは組織が発展していきません。人が育たないからです。また、企業文化も意図したとおりに育まれていきません。

　有能かつハイパフォーマーの人は、部下に対する期待水準が高いことや、できない理由が理解できないことなどから、時として部下を潰してしまうことがあります。このようなタイプに部下を持たせるのは悲劇です。
　かつて、私もこの手の上司でした。部下はどんどんやる気を削がれ、会社を去っていくのです。当時の私は部下を裁く考えの持ち主でした。「できないのは部下のせい。足を引っ張ってもらっては困る」と。

その反面、できる部下には劣等感を抱いていました。「上司は部下より有能であれ」という思いに支配されていました。これでは、部下の真価本領の発揮にキャップをはめる上司になってしまいます。

**上司の役割は、部下の能力発揮をサポートし、チーム全体のパフォーマンスを最大化させることです。**上司は部下よりも上でなければならない、ということはないのです。

「うえ・した妄想」に支配されていた頃の私は、上司でいることがとても辛かったです。もし、私と同じような苦しみを抱えている方がおられるとしたら、マトリクス人財育成制度によって解放されることを願います。ともに働く仲間の成長を喜び、「支援したい」と思える管理職になるはずです。

## 「登用される・されない」の理由にヨコ軸で納得感を持たせる

どの会社にも、「その道のプロ」の立場にあるStageが高い社員は存在します。そうした存在によって会社は儲けを出せるのです。

しかし、経営者としては、「有能だから登用しよう、会社を任せよう」と単純には思えないもの。「次の代を担ってもらえる人か」「大切な社員を預けられる人か」「経営理念への深い共感がある人か」「仲間への関心があるか」など、大切にしたい観点があるはずなのです。

例えば、もし御社に「**部下が自走できるように伴走し、部下の真価本領が発揮される状況をつくることができる能力を持っている人**」がおり、その人物の技術（技能）力が卓越していない場合であったとしても、マトリクス人事評価制度の**ヨコ軸（Class）で評価すれば、そうした人物を登用することができます。**

マトリクス人事評価制度のヨコ軸（Class）は、「なぜアイツは自分よりも才能が低いのに、会社から重用されるんだ？」と**批判を述べるハイパフォーマーに、自身が登用されない理由を知ってもらう機会に**もできます。それが「ヨコ軸」の役割の1つなのです。

# Lポジションマップの
# 枠組みを完成させる

## JOBリストをタテ軸用・ヨコ軸用の内容に分ける

タテ軸（Stage）とヨコ軸（Class）の等級フレームを完成させたら、先にまとめた**JOBリスト（＝主要な仕事リスト）を改めて眺めてみてください。**

タテ軸に関する仕事が多かったですか？

ヨコ軸に関する仕事にヌケ・モレはありませんか？

仮に経営者が担っている仕事をJOBリストに反映させれば、「経営者の仕事の半分はヨコ軸にかかわるものである」ということに気づくかもしれません。

また、理念共感度をヨコ軸に置く会社では、綿密なClassグレードごとの「期待する能力」や「役割」は社員に語られないかもしれません。その場合、等級区分は「端的に表現するだけ」にとどめておき、詳細な要件定義は持たないほうがよいでしょう。

その逆に、社長はタテ軸一辺倒（技術力の向上重視）で、ヨコ軸（マネジメント）を専務が担っていることに気づく例もあるでしょう。

映像制作の事業を営むM社は、取締役4名中、社長を含めた3名が技術畑上がりのクリエーターです。JOBリストをタテ・ヨコに区分するワークを通じて、その3名が各現場の陣頭指揮を執り、売上に直結する仕事を多数引き受けている状況が可視化されました。

一方、ヨコ軸にかかわる「経営者としての仕事」ができる立場にいるのは、社長の妻で人事総務担当取締役の専務だけだったのです。

「社長を交替したほうがいいかな」と冗談交じりに妻に称賛を送っ

た社長の発言が印象的でした。

　次に、現状1つにまとまっている**JOBリストを「タテ軸の内容」と「ヨコ軸の内容」に分けていきましょう**（下図）。

　タテ軸は、複数事業があるなら、事業単位で作成すればよいでしょう。ヨコ軸は、全社共通で作成しましょう。

　とはいえ、まとまっているものを分けていく作業は簡単なことではありません。タテ・ヨコ、それぞれの評価要素に重複するものもあるでしょう。**最初から、あまりキッチリと分けていこうとする必要はありません。**この点は気楽に考えてください。

　ちなみに、JOBリストは後述する「MBO制度」でも活用することになります。また、自社で担うこととなる仕事を俯瞰的にみることもできるので、新しい社員が入社した直後に行うオリエンテーションの場などでも活用することができます。

### A社総務部のJOBリスト（一部抜粋）

| | |
|---|---|
| 社内会議への参加 | タテ軸(Stage)／ヨコ軸(Class) |
| 社内広報 | タテ軸(Stage)／ヨコ軸(Class) |
| 社外広報 | タテ軸(Stage)／ヨコ軸(Class) |
| ホームページのメンテナンス | タテ軸(Stage)／ヨコ軸(Class) |
| 顧客管理 | タテ軸(Stage)／ヨコ軸(Class) |
| 電話取次 | タテ軸(Stage)／ヨコ軸(Class) |
| 備品管理 | タテ軸(Stage)／ヨコ軸(Class) |
| 郵便物・FAXの管理 | タテ軸(Stage)／ヨコ軸(Class) |
| 来客対応 | タテ軸(Stage)／ヨコ軸(Class) |
| 株主総会の対応 | タテ軸(Stage)／ヨコ軸(Class) |
| 契約書のチェック | タテ軸(Stage)／ヨコ軸(Class) |
| 海外出張（役員）のアテンド | タテ軸(Stage)／ヨコ軸(Class) |

## Lポジションマップ（フォーマット）

| 職務遂行能力　要件定義 | | | | | | | 業務対応力 | |
|---|---|---|---|---|---|---|---|---|
| | 営業 | マーケティング | XXX | XXX | XXX | | 級 | 呼称 |
| Stage 7 | | | | | | | Level 7 | |
| Stage 6 | | | | | | | Level 6 | |
| Stage 5 | | | | | | | Level 5 | |
| Stage 4 | | | | | | | Level 4 | |
| Stage 3 | | | | | | | Level 3 | |
| Stage 2 | | | | | | | Level 2 | |
| Stage 1 | | | | | | | Level 1 | |
| Start | | | | | | | Start | |

（中央縦帯）勤務態度評価　業務量・質

× ＝

| 組織能力 | 格 |
|---|---|
| | 呼称 |

マネジメント能力
要件定義

基本給の範囲

| Class 1 | Class 2 | Class 3 | Class 4 | Class 5 | Class 6 |
|---------|---------|---------|---------|---------|---------|
|         |         |         |         |         |         |

| 役職 | 係長 |
|------|------|
|      | 課長代理 |
|      | 課長 |
|      | 部長 |

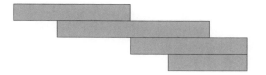

　ここまででタテ・ヨコの等級制度ができあがりました。続いて、各等級を端的に表したことば（＝等級区分）を72、73ページのフォーマットに落とし込んで、「Lポジションマップ」づくりを始めましょう。

例）

| | | | | |
|---|---|---|---|---|
| Stage1 | 新　人 | 教わりながらできる | | 各等級を端的に表現 |
| Class2 | ジュニア | アルバイトに指示ができる | | ※Levelは変更するものなので定義は持ちません。 |

## Lポジションマップに現有社員を「仮」に落とし込む

**現有社員について、仮にStage/Level/Classの格付けをしてみてください。**要件定義に加えたい要素に気づき、精度が高まります。

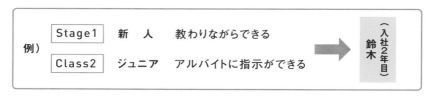

例）

| | | | |
|---|---|---|---|
| Stage1 | 新　人 | 教わりながらできる | （入社2年目）鈴木 |
| Class2 | ジュニア | アルバイトに指示ができる | |

　右図は仮ポジションしたT社の例です（社員名は私の好きなお酒の名前に置き換えています）。

　□□の社員は、現在の賃金が仮格付けした賃金額の範囲に収まっていた人、つまり適正な賃金を受け取っている人です。

　■■の社員は、現在受け取っている賃金が低く、新制度へ移行した際、昇給が必要な人です。

　■■の社員は、現在受け取っている賃金が高すぎる人です。

　この結果を見た社長は深くうなずき、こう述べました。

　「先代社長の時代からいた古参の社員は、給与が総じて高い。しかし、先代社長の方針は、『社員に厳しい仕事をさせて成長を求める』ではなく、『社長と良好な関係を維持していればよい』というもの。そのため社内政治にばかり長けて成長が見られない古参社員が停滞し

ています。一方で、若くて意欲も高く、自己研鑽にも余念がない社員は、高く評価している割に、それに見合った給与を支払ってあげられていない。それが明確にわかりました」

　同社は新制度へ移行した際、古参社員の給与は維持しつつ、昇給すべき社員の給与をドカンと引き上げました。勇気ある決断でしたが、これがその後「吉」と出ます。新技術の開発に成功し、自社商品により高収益構造へと大きく歩みを進めることができたのです。

## ◎ 仮ポジションした例 ◎

| 業務対応力 級 | 呼称 | 基本給の範囲 | | | | | | | | | |
|---|---|---|---|---|---|---|---|---|---|---|---|
| Level 8 | | | | | | ∞～360,000 | ∞～∞ | ∞～∞ | ∞～∞ | ∞～∞ | |
| Level 7 | チーフコンサルタント | | | | 320,000～300,000 | 360,000～310,000 東北泉 | ∞～330,000 | ∞～350,000 | ∞～390,000 | | ∞ |
| Level 6 | コンサルタント | | 240,000～230,000 梵 | 300,000～270,000 杉勇/剣菱 | | 310,000～290,000 立山/新政 | 330,000～300,000 菊姫 | 350,000～310,000 酔鯨/手取川 | 390,000～350,000 | ∞～∞ | 十四代 |
| Level 5 | プロフェッショナル（シニア） | | 240,000～230,000 | 270,000～250,000 真澄 | 290,000～260,000 | 300,000～270,000 | 310,000～280,000 | 350,000～320,000 | | | |
| Level 4 | プロフェッショナル | | 230,000～225,000 英勲 | 250,000～230,000 而今/田酒/佐藤/澤乃井/出羽桜/菊水 | 260,000～240,000 獺祭 | 270,000～250,000 | 280,000～260,000 | | | | |
| Level 3 | シニアプレーヤー | 220,000～200,000 | 225,000～210,000 久保田 | 230,000～215,000 黒龍/ゆめこ | 240,000～220,000 浦霞/はなこ | | | | | | |
| Level 2 | プレーヤー | 200,000～190,000 | 210,000～195,000 | 215,000～200,000 | | | | | | | |
| Level 1 | ルーキー | 190,000～180,000 | あいこ | | | | | | | | |
| Start | | 180,000 | | | | | | | | | |

凡例：
- □ 範囲内
- ▨ 要基本給アップ
- ■ 要基本給ダウン

はなこ：189,200
ゆめこ：189,200

あいこ：160,000

そのほか、同社には特殊な賃金体系の社員が3人いました。女性社員です。男性と同じ仕事をしているのに、明らかに賃金が低い。

　これを指摘したところ、返ってきた答えは「この人たちは女性だからね」。その返答に「社長、誰に向かって言ってるの？　私も女性ですけど！　3人の賃上げをしてください」と唾を飛ばしながら説得した若き日の私が居たのでした。今となっては懐かしい思い出です。

　このように**現有社員を仮格付けしていくと、「賃金が適正な形で支払われていない」「バイアス（偏見）がかかっている」**など、**自社制度の課題が可視化される**ことがあります。

---

**まとめ　タテ・ヨコの軸で決定要素は異なる**

| | | |
|---|---|---|
| タテ① | Stage | 能力の高まりを反映して決定 |
| タテ② | Level | 勤務態度＋発揮度（業務量・質）を反映して決定 |
| ヨ　コ | Class | ポストに対して登用・抜擢人事 |

---

column

**「ポスト主義」をClassの評価に活用する**

　ヨコ軸のClassは組織上求められるマネジメントの職制により任命されるものです。

　下層ゾーンは経営理念の浸透度によってClassアップしていきますが、**一定ラインより上に行く人は、「任命されるポストがあることとセット」にしたほうがよい**でしょう。

　例えば、「課長に任命される人はClass 5」などです。ポストとClassを連動させることで、組織の発展・再編の過程で職位が変わった場合にポジションチェンジできる制度になります。

　この設計にすることで**定年退職後の再雇用社員の処遇決定等においても給与ダウンの説明が合理的にできます。**

## グレーアウトゾーンの効用

　Lポジションマップのタテの左上のゾーンと、ヨコの右下のゾーン
は、経営の意図を反映してポジション自体をクローズすることができ
ます。この場合、そのポジションは存在させないグレーアウトにしま
す。そのメリットとデメリットを紹介します。

### ●メリット

　例えば、技術（技能）
力が高く、会社の業績
向上に高い貢献をする
社員ではあるものの、
同僚と人間関係を構築
できない、またはしよ
うとしない人がいます。

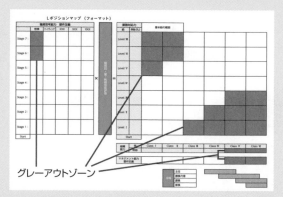

　もし高度な技能を持
っており、Stageは高い場所に置かれていたとしても、Classが下層
である場合、このLポジションマップを通じて、「あなたの技能はハ
イレベルですが、ともに働く人との人間関係の構築を通じてClassア
ップを遂げることが必要です」といった育成上の課題を効果的に伝え
ることができます。Levelはグレーアウトしていないポジションまで
下がることになります。

　同じように、マネジメントの技術を精力的に身につけて、ともに働
く他者への貢献は素晴らしいものの、技術力が及ばずタテ方面への挑
戦意欲が高くない社員には、「経営幹部としてClassアップを順調に
していくためにはStage・Levelも上げていかなければいけません」
というメッセージを伝えることができます。

　もっとも、多くの会社では、経営幹部層に入るためには当然、技術
（技能）力も一定レベル以上になっていなければならないので、右下の

ゾーンをクローズするLポジションマップのつくり方をする例がほとんどです。

一方、タテ軸はフルオープンにするケースも多く見られます。

以下はその例ですが、こうしたケースに該当する場合は、左上はフルオープンにするかどうかを検討しましょう。

- 対人交渉力は著しく低いものの、高度な技術を有している技能者を正当に評価したいIT企業
- 実績があり集客力が見込める料理人をヘッドハンティングしたが、自社の企業文化には無知である状態の社員を適正に評価したい飲食業の会社
- 高度技能を有する技術者だが、ベトナム人で日本語能力に長けていないために部下のマネジメントをするのが難しい社員を、適正に評価したい製造業の会社

私の会社では、当初左上はクローズにしていましたが、現在、バージョンアップを経てフルオープンにしました。タテ方面への挑戦を喚起したいという人事政策によるものです。

これからは社内フリーランスのような仕事の仕方が増えてくると見込んでいます。それを許容するならば、左上はオープンになっていくでしょう。


● デメリット

左上・右下を階段状にクローズしていくと、Lポジションマップは右斜め上の方向に1つのラインが浮き上がってきます。

これは、旧来の一軸の職能等級資格制度を斜めむきに置き換えただけのように見えませんか？

**クローズの部分を増やすと、「結局、技術（技能）力もマネジメント力も総合的に伸ばしていかないと昇進しないのだ」というメッセージが強くなります。**この旧態依然の状態にするならば、なにも新標準の人事評価制度であるLポジションマップを使う必要はないかもしれません。

第 **2** 章

MBOシステムをつくる

# 一方的にノルマを課さない
# 「MBOシステム」を活用する

## 達成するモチベーションを上げる目標管理を設定する

　マトリクス人財育成制度では、期首に**社員1人ひとりが自身の取り組みたい目標を定め、これを上司と確認し合い、達成を約束するMBOシステム**を活用します。

　MBOとは、「マネジメントの父」と称された経営学者のピーター・ドラッカーが、1954年に刊行した著書『The Practice of Management（現代の経営）』において紹介した目標管理制度です。

　正式名称は、Management By Objectives and Self Control、直訳すると「目標と自己統制による経営」ということになりましょうか。

　MBOの重要ポイントは、目標設定を本人と上司とで綿密にすり合わせして決定していくところにあります。会社から一方的に与えられるノルマとの決定的な違いです。

　ところが、**「本人と上司との綿密な〈すり合わせ〉」がうまく機能しないと、MBOはとたんに「ノルマシステム」に成り下がってしまいます。**

## ノルマによる統制はよい結果を生み出さない

　ちなみに、今日ビジネスシーンでごく普通に使われている「ノルマ」の由来はロシア語で、「規範・既定量」という意味です。シベリア抑留からの帰国者によって日本に持ち込まれたといわれています。計画経済の運営のために、国から与えられたノルマをこなすことが国民や

日本人抑留者に求められていたわけです。

　ノルマは、自身の内面から「ぜひこれに取り組もう！」と思えるものではなく、誰かから押し付けられて「やらねばならぬもの」。こうしたノルマに対して、人はモチベーションを上げられないものです。

　私は下手ながらもゴルフが好きで、忙しいなか夜も明けぬうちから早起きしてラウンドしますが、好きでもないのに「ゴルフに行け」とノルマを課されたら、これほど苦痛なことはないだろうと思います。

　ちなみに、ソビエト連邦が崩壊した理由の1つはノルマによる統制であったといわれています。押し付けられたノルマに対して、達成のモチベーションは上がらず、未達への言い訳、言い訳をしないための改ざん、ごまかしなどが蔓延した結果というわけです。

　**会社が一方的にノルマを課す目標管理は、本人の成長につながるとは限りません。**本人の成長につながる目標を社員が自ら定め、上司と綿密に確認し合うＭＢＯの導入を、マトリクス人財育成制度では重視しています。

# 目標面談で 個々人の目標を設定する

## 目標設定の手助けをするのがJOBリスト

　マトリクス人財育成制度では個々の社員について、直近の1年間に以下のような選択の幅がありますから、その志向も踏まえて適切な目標を設定することが求められます。

**①タテ方面（技術・技能）での成長を目指すか**

**②ヨコ方面（マネジメント）での成長を目指すか**

**③そのどちらも目指すか**

　ただし、個々人が設定した目標は、部門目標の達成に関連しているものでなければなりません。また、部門目標は、全社目標からブレイクダウンされたものでなければなりません。

　極端な例になりますが、部下が、「ぼくはフットサルが好きなので、今年はフットサル大会で優勝したい。そのための体力づくりを兼ねて週末の練習には欠かさず出席します」と個人目標を設定してきたら、上司は、「その目標が部門目標の達成にどのように関与していくのか？」と尋ねなければなりません。

　目標設定の手助けになるのが「JOBリスト」です。**JOBリストに列挙されている主要な具体的仕事のうち、「どの項目について重点的に取り組むか？」を上司と部下が語り合い、目標設定します。**

　以下、JOBリストを活用したMBOの運用法をご紹介します。上司と部下で目標設定の面談をする際は、84、85ページに掲載した「育成シート」も適宜活用ください。

## MBOを踏まえた運用の流れを押さえよう

**①JOBリストから取り組みたい業務を社員自ら3つ選ぶ**

　JOBリストのなかから、自身が最も取り組みたいと思うものを3つ選定します。

　なお、JOBリストにないものから設定することも可能です。その場合は、**設定した目標が「部門目標」や「組織目標」の達成に貢献すると説明できる内容であること**が求められます。

**②上司から部下に提案したい目標を明らかにする**

　上司は、部下に提案したい目標を事前準備します。**部下の特性、「らしさ」を活かして、担ってほしい役割を明らかにしましょう。**

　部門目標の達成には、個々人の目標を**網羅的に検討**することも必要です。全員が同一の目標のために邁進すると、その分野では突出した成長がみられるかもしれませんが、組織としては偏りが出てしまうからです。

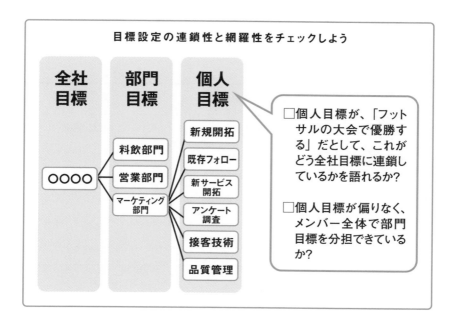

目標設定の連鎖性と網羅性をチェックしよう

83

## 育 成 シ ー ト （フォーマット）

スペシャリスト宣言（「この分野なら私に任せてください！」）

今期の部門目標　　　　　　　　　　　　　　　　　　今期上半期の部門目標に対する自分

| 部門目標 | |

→

| 個人目標 | |

自己目標（JOBリストより自己目標を3つ決定）

| JOB NO. | 主要な具体的仕事 | 達成基準<br>（何をいつまでにどういう状況にするか） | 現状の<br>レベル感 |
|---|---|---|---|
| | | | |
| | | | |
| | | | |

上司からの目標

| JOB NO. | 主要な具体的仕事 | 達成基準<br>（何をいつまでにどういう状況にするか） | 現状の<br>レベル感 |
|---|---|---|---|
| | | | |
| | | | |

達成状況

| | 上半期達成結果 | 課題・反省 |
|---|---|---|
| 自己目標 | | |
| 上司目標 | | |

| 上司より | |

部署 ＿＿＿＿＿＿ 社員NO. ＿＿＿＿＿＿

名前 ＿＿＿＿＿＿＿＿＿＿＿＿＿＿

役割と今年度のアプローチ

| 目標の<br>レベル感 | 難易度 | 目標達成までのアクションプラン |
|---|---|---|
|  |  |  |
|  |  |  |
|  |  |  |

| 目標の<br>レベル感 | 難易度 | 目標達成までのアクションプラン |
|---|---|---|
|  |  |  |
|  |  |  |

| 下半期に向けての取組み |
|---|
|  |
|  |

③目標設定をレベル感を踏まえて綿密にすり合わせる

　目標面談の場を設け、設定したい目標について上司・部下で語り合います。この場では、以下の視点がポイントになります。

- 設定目標に不自然さはないか（**場合によっては目標を修正**する）
- 目標の**レベル感を共通認識としてとらえる**（レベル感は下表のような0〜5までの6段階で設定する）

▼レベル感

| 5 | 業界に披露できるレベルでできる |
|---|---|
| 4 | 社内で指導的立場でできる（2の指導をできるレベルにある） |
| 3 | 自立して（指示・指導・依頼を受けずに）主として担当する立場でできる（イレギュラーを除く） |
| 2 | 指導を受けながらなら主として担当する立場でできる |
| 1 | 主として担当する人について補助的にならできる |
| 0 | 補助的にもできない |

- **「できたか・できなかったか」が判別できる具体的な目標**になっているか確認する
- 1年後、どのレベルまで成長したいのかを決める（難易度は下表のようなK・G・Fの3段階で設定）

▼難易度

| K | かなり頑張らないとできない |
|---|---|
| G | 頑張ればできる |
| F | 普通に取り組めばできる |

　現在の自身のレベルと、期末にどのレベルを目指すのかによって、難易度は変わってきます（下図参照）。3つの指標を定めるのは、上司と部下がなるべく共通の認識を持ちたいためです。K：かなり頑張らないとできない、G：頑張ればできる、F：普通に取り組めばできる、という大雑把な表現にとどめておくことが、私の経験上、わかりやすく、スムーズな運用も期待できます。

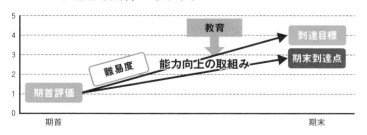

## 連鎖性と網羅性の強化方法

　個々人が設定する目標が、全社目標に繋がっていく連鎖性を確保し、かつ、まんべんなく役割を担える状況にする網羅性を確保するために、経営層から下表に示した**「目標設定指針」を下層へと下ろしていく方法も有効**です。

　全社目標を、企業文化醸成、売上目標、利益目標、業務活動、教育育成、その他改善活動の分野で設定し、部門に下ろしていきます。「誰が担うか」までイメージしておくと、掲げられた全社目標に梯子がかけられた状態ができ、着実に達成に向かっていけます。

　しかし、想定された担う人がノルマと感じないように、対話を重視し、本人の主体性が呼び覚まされるようなかかわりをしていきます。

### 目標設定指針（フォーマット）

| | 全社：求める結果 | 部門・拠点目標 | 行動計画 | 詳細内容 | 担う人 | 達成期限 |
|---|---|---|---|---|---|---|
| 企業文化醸成 | 1.<br>2.<br>3. | | | | | |
| 売上目標・販売計画 | 1.<br>2.<br>3. | | | | | |
| 業績目標利益計画 | 1.<br>2.<br>3. | | | | | |
| 業務活動計画 | 1.<br>2.<br>3. | | | | | |
| 教育・育成計画 | 1.<br>2.<br>3. | | | | | |
| その他改善活動等 | 1.<br>2.<br>3. | | | | | |

### 目的は定性的、目標は定量的

　2019年ラグビーワールドカップ優勝の南アフリカ共和国ナショナルチームの目的は、「黒人と白人が協力し合える世界をつくる」でした。そう、目的というのは抽象的なものなのです。

　しかし、**「具体的に何を成し遂げて目的を果たすのか」という目標を設定することにより、抽象的な内容が具体化します。**
　南アフリカ共和国ナショナルチームの目標「ラグビーワールドカップ優勝」がそうだったといえます。同国を1つに結束させるのに大きな貢献を果たしたことは、言うまでもありません。

　企業が達成したい経営理念も抽象的なことが多いです。これを行動ベースにまで具体化したものが目標となります。
　個人にも理想の人生ビジョンがあり、同じく抽象的でしょう。
　私が人生で大事にしたいのは、「人の役に立つことで幸せだと思える日々を送りたい」ということです。そのために職業を通じて卓越した技能を身に付け、より多くの人の役に立ちたいと思っています。

　また、私は体重52kgになるダイエット目標を持っています。これは目的ではなく目標です。52kgになることを通じて、人の役に立ちたいのです。
　同じ業界で頑張る女性の社会保険労務士の方や、会社をもっとよくしたい経営者の方に、「安中さんのアドバイスや姿勢には説得力があるな」と、自分が身近なロールモデルとなることで希望を持って経営をしていただきたいから、プロポーションもよくなりたいのです。

　部下の目標設定の手助けをし、ノルマではなくMBOとして機能させるには、単に会社が与えた目標を分担するだけではなく、部下個人の人生で大切にしたいことにまでアクセスしていくことが求められま

す。そのうえで、会社のビジョンとのすり合わせを行っていくのです。
目的（企業や個人の理念・信条）を土台において、具体的な目標・計画を
設定し、日々の実践にまで具体的に落とし込んでいきましょう。

　熾烈な学歴競争社会を経て社会人になった優秀な方にとって、目標
は苦痛を伴いながら達成しなければならないノルマに思えるかもしれ
ません。
　「自分が望んでもいないのに押し付けられるもの」のようにネガテ
ィブにとらえる人も少なくないでしょう。

　けれど、南アフリカ共和国のラグビーナショナルチームのように、
**目標は叶えたい目的のために行う行動リスト**なのです。
　端的に言えば「叶えたいことリストが目標」です。目標は、願望です。

　ただし、人の持つ願望には短期願望と長期願望があり、これには注
意が必要です。
　私のダイエット目標でいえば、長期願望は「52kgになりたい」、短
期願望は「今、チョコレートが食べたい」です。
　「人の役に立てる自分になりたい」という**目的がはっきりしていな
ければ、長期願望は短期願望に簡単に敗北します。**長期願望を支える
のは「何のためにそれを達成したいのか？」なのです。

　忙しい人ほど「自分が人生で大切にしている
もの」など考えたこともないかもしれませんし、
自己肯定感が低い人は「どんな人生を送りたい
か」というビジョンを描けないかもしれません。
　それでも上司は、部下の人生そのものにフォ
ーカスし、目的を描けるようアシストしてくだ
さい。結果、組織目標の達成に繋がります。

# 目標設定のポイント

## 「ふさわしい目標かどうか」はこうチェックする

前述のとおり、MBOにおける目標設定ではJOBリストから重点テーマを選定しますが、それだけでは目標を具現化できません。

そこで、ピックアップした目標については、次の観点で「ふさわしい目標になっているか?」を点検してください。

### ① 具体的

「何をするのか」という行動が設定されているか(行動目標)、「何を獲得するのか」という結果が設定されているか(結果目標)をチェックします。

結果目標を設定している場合は、その結果を獲得するための行動目標をセットにすることを当人に促します。

### ② 測定可能

「何件なのか」「何%なのか」といった、達成したか・しなかったかが客観的に判定できる内容にしましょう。

### ③ 達成可能

はなから達成不可能と思える高すぎる目標だった場合は、上司がやんわりと軌道修正を促しましょう。

かといって、低すぎる目標は「ちょっと未来の業務予定」にしかなりません。目標というからには、成長につながる、「挑戦できる面」があることが求められます。

④ 期 限 が あ る

　「いつまでにやるのか」（期限目標）、「いつからやるのか」（習慣目標）、それぞれの期限を明確にセットしましょう。

| 期限の種類 | 特徴 | 例 |
|---|---|---|
| **期日目標** | いつまでに○○する | 6月末までに、キャンペーンを3つリリースする<br>↓<br>4月7日の14〜16時にイメージを具体化する |
| **習慣目標** | 明日から毎日○○する | 部下の○○さんに前向きな言葉がけをする<br>※習慣チェックリスト |

⑤ 本 当 に 望 ん で い る

　"やらされ感"ではなく、本人が本心から設定できる目標であるかを確認しましょう。そのためには、組織の目標の根底にある「経営方針」や「企業理念」への深い理解が求められます。

　また、個人が大事にしている人生理念や、ビジョンを掘り下げていき、重なる部分を上司が見出していく姿勢やかかわりも求められます。

## 上司の育成に役立つＭＢＯシステム

　ここまでお読みいただき、「ＭＢＯシステムの運用は、『上に立つ人』の力量が問われるな」と感じられたのではないでしょうか。

　そうです。自身の目標達成にとどまらず、ともに働く人の真価本領が発揮される関わり合いを深めていける人が組織に数多く存在すると、チーム全体のパワーは相乗効果で発揮されていきます。

　目標設定後、その目標達成のために関わり合いを継続することが上司に求められますし（第4章「育成システムをつくる」で後述します）、1年後は部下の達成度合いを評価者として見極めなければならないため、**育成マインドのほか育成技術も身に付け、「部下を着実に成長させる実績」を積み上げてもらわなければなりません。**

　本制度を初めて導入する会社では、部下の育成という観点なしで働いてきた人が急にその役割を担うことになり、「うまくいかなそう……」と当人も外野も不安視する場面をよくみますが、案ずるなかれ！**ＭＢＯシステムの運用を通じて、上司は育ちます。**

　部下の成長にキャップをはめる上司だった私も、私自身が開発したマトリクス人財育成制度によって、部下の成長を喜び、部下の育成に心底コミットメントできるようになりました。

　上司が育つことは、会社側の立場でものごとを考えられる人が増えるということ。「経営者は孤独だ」と感じておられる社長、喜んでください。マトリクス人財育成制度の運用により、社長側の立場で社員とかかわってくれる同志が増えます。一般社員だけでなく、管理職も育つことは、制度導入で得られる最も大きな果実といえます。

第 **3** 章

給与システムをつくる

# 基本給の下限額と上限額を設定する

## 理想人財に支払いたい理想年収をイメージする

次ページにLポジションマップの一部を掲載しましたが、各ポジション枠には、当該ポジションに適用される基本給の最低額から最高額を設定していきます。

本章では、この金額の設定のしかたを扱います。

まず、**「御社が理想とする社員」は、どのポジションになるでしょうか？**

具体的なイメージとして、「採用から10年目でS3：L3：C3」、あるいは、「40歳で課長級のマネジメントを担える人財ならS5：L5：C4」といったポジションを決めましょう。

なお、**実存する社員をあてはめなくてもOKです。**理想人財を採用し、育成・定着がかなった未来の姿で描いていきます。

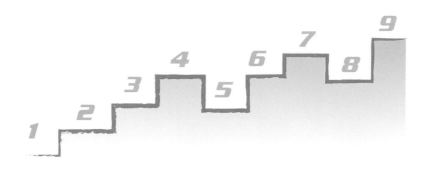

理想年収を設定していく

## Lポジションマップ

| Level | 基本給の範囲 | | | | | | |
|---|---|---|---|---|---|---|---|
| | Class 1 | Class 2 | Class 3 | Class 4 | Class 5 | Class 6 | Class 7 |
| Level 7 | ∞ ~ 500,000 | ∞ ~ 600,000 | ∞ ~ 700,000 | ∞ ~ 800,000 | ∞ ~ 900,000 | ∞ ~ 1,000,000 | ∞ ~ ∞ |
| Level 6 | 500,000 ~ 400,000 | 600,000 ~ 420,000 | 700,000 ~ 450,000 | 800,000 ~ 480,000 | 900,000 ~ 500,000 | 1,000,000 ~ 530,000 | ∞ ~ ∞ |
| Level 5 | 400,000 ~ 350,000 | 420,000 ~ 350,000 | 450,000 ~ 380,000 | 480,000 ~ 420,000 | 500,000 ~ 450,000 | 530,000 ~ 480,000 | ∞ ~ ∞ |
| Level 4 | 350,000 ~ 290,000 | 350,000 ~ 290,000 | 380,000 ~ 300,000 | 420,000 ~ 320,000 | 450,000 ~ 350,000 | 480,000 ~ 400,000 | ∞ ~ ∞ |
| Level 3 | 290,000 ~ 260,000 | 290,000 ~ 260,000 | 300,000 ~ 270,000 | 320,000 ~ 280,000 | | | |
| Level 2 | 260,000 ~ 240,000 | 260,000 ~ 240,000 | 270,000 ~ 250,000 | | | | |
| Level 1 | 240,000 ~ 230,000 | | | | | | |
| Start | 230,000 | | | | | | |

約20万円の差がつく
入社20年でL5:C4の到達が理想だとすれば、1年あたりの昇給額は約1万円ということになります

95

# モデル賃金は上位2割に該当する社員で設定

## 現在ベースで考えず、「未来」を見据えてモデルを決める

理想のポジションに格付けされる社員に、いくらの基本給を支払いたいかを描いていきます。

例えば、「40歳時点では基本給43万円を支給したい」というようにです。

モデル賃金に対する考えは、各社でまったく異なります。

年功序列思想の強い会社では、「年齢に応じて給料を多く支払いたい」との考えから、「年齢＋5万円」「年齢＋10万円」というような理想額を設定しているケースもあります（とはいえ、こうした思想が自社に本当にマッチしているのかどうか、よくよく検討して設定すべきですが……）。

「社員の年収を1,000万円にしたい！」という理想を掲げて、社員にも見える形でモデル賃金のLポジションマップをつくって情報を共有し、その理想を果たした会社もあります。

ここで設定する理想額は、全員に対してではなく、**「自社のトップ2割の理想的な社員に、いくら支給するか？」と仮定して設定する**ようにしましょう。

これまでの私の経験でいうと、人財育成制度を導入することによって、社員の成長が促され、会社の業績は上がります。

モデル賃金では、**業績が上がる前（現時点）の現実的な数字を落とし込むのではなく、業績が上がった後（将来）を見据えて設定する**こ

とが重要です。

　ですから、「現時点で存在する上位2割の社員にどうしてあげたいか？」を考えると、ちょうどよいのです。


　「いや、未来のことは不確定。そんなに支払えないかもしれないから……」と、財布のひもをしめてしまう社長も、かなりおられます。こうした場面に遭遇すると、「意外と皆さん、現実的・堅実派なのだな」と感じます。

　ただ、繰り返しますが、ここは**照準を将来に合わせて、将来の理想で設定することが肝要**です。もちろん、理想の年収を支払うためには、社員に求める水準もおのずと高くなりますが。


　中小企業の成長のキーは、企業理念に共感している社員が高いパフォーマンスを発揮してくれることにあります。

　しかし、高いパフォーマンスを発揮する社員は、外からのヘッドハンティングの機会にさらされ、転職してしまうケースも少なくありません。

　せっかく自社で育成してきたのに、上場企業や競合他社に転職されてしまう例も数多く見てきました。

　この場合に何が足りないかというと、高パフォーマンス社員をしっかりとつなぎとめるだけの処遇がなされていない＝給与を支払っていないということです。

　社長ご自身の役員報酬は、会社の万が一のときの備えという意味もあり、高めに設定されているケースが多いと思いますが、**高いパフォーマンスを発揮する社員の給与も、思い切って高めに設定してください**。

　もし、御社で長く実力を発揮してほしいと願うなら、なおさらです。

　このようなメリハリのある設定は、中小企業であればこそ実行できる施策でもあります。

# 学卒新人の月給を
# スタートポジションに置く

## 世間相場に依存した決め方がよいとは限らない

次に、自社が採用する一番の若手人財を想定します。

高卒でしょうか？　専門卒でしょうか？　大卒でしょうか？　院卒でしょうか？　「中途採用一本」というケースもあるでしょう。

いずれにしても、**自社で考えられる最低水準の賃金額を設定します。**

これは、世間相場と自社の実態を比較検討しながら、現実的な最低ラインとしておきます。

世間相場として検討する統計データには、公的に実施されているものとして次ページ表のようなデータがあります。

また、民間のシンクタンクが実施しているものまで拡げると、賃金水準についての統計は無数に存在します。

世間相場を意識する経営者は少なくありませんが、**中小企業において世間相場を意識するのは「初任給くらいにしておく」のが無難**だと私は考えています。支払える限度額も、それぞれの会社で異なりますし、理想値も異なるからです。

なお、自社の賃金水準が著しく低いのであれば、世間並みに引き上げることを目的に統計データを活用するのはよいのですが、「実際のところ、もっと払えることは払えるが、この程度に抑えておこう」という発想で統計データを活用するのは避けたいものです。

**統計データは、切り取り方によって数字の見え方が大きく変わりま**

**世間相場として検討する賃金水準についての統計データ**

| | | |
|---|---|---|
| **賃金構造基本統計調査** | 厚生労働省 | 労働者の雇用形態、就業形態、職種、性、年齢、学歴、勤続年数、経験年数等の属性別に給与額を比較したもの。全国規模・主要産業を対象としている |
| **中小企業の賃金・退職金事情** | 東京都<br><br>※各地方自治体においても類似の統計があります | 東京都内299人までの中小企業を対象に、賃金、賞与、諸手当、初任給、モデル賃金を比較したもの |
| **民間給与実態統計調査** | 国税庁 | 給与所得者の給与階級別、性別、年齢階層別及び勤続年数別分布を企業規模別に比較したもの。全国規模 |

す。言い方を変えれば「見たいように見ることができる」のです。

　したがって、信頼できる機関から公表された統計データであったとしても、**その数字を過度に信頼せず、「自社はどうありたいか?」にフォーカスし、理想値を設定すること**が必要です。

### 初任給50万円!

　「初任給50万円」というインパクトのある金額で、新卒採用を効果的に実施している会社があります。

　「それって結構な冒険だよね」と、人事評価制度策定支援の現場で、話題に上がることも珍しくありません。

　本書で紹介している制度で表現するならば、初任給は「S1L1C1」からスタートさせるのが一般的であるところ、初任給を「S5L5C3」相当に設定し、高パフォーマンスを入社当初から求めていく運用です。

　マトリクス人財育成制度の賃金の決め方のよいところは、**要件定義を明確にしているため、降格に相当するポジションチェンジも可能**な点にあります。

　冒頭の例でいえば、初任給50万円からスタートした社員の発揮度が、自社の求める水準に達しなかった場合、半年後に降格ポジションチェンジすることもできます。

　入社時の格付けは「仮のもの」として位置づけ、「半年後に本格付けをする」という運用です(ただし、チャレンジ精神と達成する風土が会社に根づいており、実力によってシビアに評価されていく社風が浸透していないと、この運用は難しいですが)。

　「新人の初任給＝社内で一番低い賃金」という硬直的な発想をしなくてよい点も、マトリクス人財育成制度のユニークな魅力の1つ。つまり「こうあらねばならない」ということはなく、自社の経営理念の体現のために、柔軟な発想で活用できるのです。

# 理想ポジションに至るまでの過程の賃金レンジを配置する

## 下層のポジションほどレンジの幅は狭くする

理想ポジションの賃金水準とスタート時点での賃金水準が決定されたら、スタートから理想ポジションまでにある各ポジションの賃金水準を設定します。ここでは、その手順を説明していきます。

### ①タテの成長を設定する

スタート時点での賃金水準から、**「Levelアップしていったとき、いくら支払えるか?」**を描いていきます。

この際、**隣接する上下の基本給額は「接合型」（そのポジションの最高額が上位ポジションの最低額と一致している）で組みましょう。**「Levelが上の人のほうが、直近下位の人より基本給が低い」という現象を起こさせないためです。

また、設定したStageの難易度に合わせて、レンジは下層をより狭くし、上層をより広く取ります。下層ほど成長を実感しやすくするためです。

**タテ軸（Level）の賃金の例**

|  |  |
|---|---|
| Level 7 | ∞<br>〜<br>500,000 |
| Level 6 | 500,000<br>〜<br>400,000 |
| Level 5 | 400,000<br>〜<br>350,000 |
| Level 4 | 350,000<br>〜<br>290,000 |
| Level 3 | 290,000<br>〜<br>260,000 |
| Level 2 | 260,000<br>〜<br>240,000 |
| Level 1 | 240,000<br>〜<br>230,000 |
| Start | 230,000 |

## ヨコ軸（Class）の賃金の例

|  | 350,000 | 350,000 | 380,000 |
|---|---|---|---|
| Level 4 | 〜 | 〜 | 〜 |
|  | 290,000 | 290,000 | 300,000 |
|  | Class 1 | Class 2 | Class 3 |

※Class 1と2に賃金レンジの差がない例

### ②ヨコの成長を設定する

　タテ軸（Level）に対して、**ヨコ軸（Class）がアップしていったとき**
**の基本給の組み方は「重複型」（そのポジションの最高額が上位ポジション**
**の最低額よりも高額になっている）でいきます**。ヨコの成長は、抜擢人事
のケースもあるため、必ずしも昇給とセットでなくてもよいのです（極
端な例では上表のようにClass 1と2の賃金レンジに差がない場合もあります）。

　とりわけ、役職手当が加算されるケースもあることを加味して、基
本給のレンジを設定していきます。

### ③残業代が支給されなくなるゾーンは階差型へ

　労働基準法41条においては、管理監督の立場にある社員について、
残業代を支払わないことが認められています（深夜割増は必要）。

　その分、役職手当等を支給することで、いわゆる逆転現象、つまり、
**直近下位のポジションで残業代の支給を受けている社員よりも管理監**
**督の立場にある社員の給料のほうが少なくなってしまう、ということ**
**が起こらないように制度設計すべきです**。

　そのため、残業代の支給をしないClass（またはLevel）と、支給する
ゾーンとの間には、一定の階差を設けて賃金レンジを設定する方法（階
差型：そのポジションの最高額が上位ポジションの最低額未満になっている）も
あります。

　階差を設けるのは、隣接する直近下位のポジションの基本給上限額
と、当該ポジションの基本給下限額との間に「差がついている状態」

| 420,000 ~ 320,000 | 450,000 ~ 350,000 | 480,000 ~ 400,000 | ∞ ~ ∞ |
|---|---|---|---|
| Class 4 | Class 5 | Class 6 | Class 7 |

をいいます。右のLポジションマップでいうと、Class 6と7の間には階差がついていることが読めます。

　もちろん、上表の例にあるように、重複型のままでいっても問題ありません。この場合、労働基準法41条該当者になる社員について、「個別に残業代が支給されなくなることを加味した昇給額が設定できる余地をもっているか」をみて賃金設定をしましょう。

| ∞ ~ 365,000 | ∞ ~ ∞ | ∞ ~ ∞ | ∞ ~ ∞ | ∞ ~ ∞ |
|---|---|---|---|---|
| 365,000 ~ 315,000 | ∞ ~ 325,000 | ∞ ~ 355,000 | ∞ ~ 395,000 | ∞ ~ ∞ |
| 315,000 ~ 275,000 | 325,000 ~ 285,000 | 355,000 ~ 325,000 | 395,000 ~ 370,000 | ∞ ~ ∞ |
| 275,000 ~ 245,000 | 285,000 ~ 255,000 | 325,000 ~ 285,000 | 370,000 ~ 335,000 | ∞ ~ ∞ |
| 245,000 ~ 225,000 | 255,000 ~ 235,000 | 285,000 ~ 255,000 | 335,000 ~ 305,000 | |
| 225,000 ~ 215,000 | | | | |
| 215,000 ~ 205,000 | | | | |
| | | | | |
| Class 4 | Class 5 | Class 6 | Class 7 | Class 8 |
| リーダー（ジュニア） | リーダー（シニア） | サブマネージャー | マネージャー | パートナー |
| 部署にならない単位の長になれる | 最小単位の部署の長になれる | 部署の長たちのなかのリーダーになれる | 部署をまたがってリーダーになる | |

　「課長になったら、給料が減ったよ」という話は、一昔前はよく聞いたものです。残業代が払われなくなったから、というわけです。

　「残業しても残業代は出ないので早く帰るようになった」というギャグのような話も現実の事例でいくつも見てきました。

　本書でも「いわゆる逆転現象が起こらないように昇給額の設定をしてください」と述べましたが、**「個人ごとに逆転現象が起こらないようにする必要がある」**というわけではありません。

もしそうだとしたら、残業代稼ぎのために長時間残業していた社員の給与額は、その分も加味して昇給させなければいけないことになり、おかしな話です（そもそも、その社員の労働時間マネジメントが適正になされていなかったという問題の本質については、横に置いておきましょう）。

　この設定は、**自社の一般的な残業実態（時間・賃金）をみつめて合理的なラインで設定します。**
　ただし、「そもそも管理監督者だとしてよいのかどうか」など、労基法41条に関して専門家の意見なしに自社で設定することはたいへん難しいものです。社会保険労務士の意見を受けながらつくり上げていくことをお勧めします。

### ④ 未来枠は∞でいく

　等級フレームを設定した際、Stage／Levelの8・9は「未来枠」で設定することを説明しました（46ページ手順①参照）。

　「未来枠」で日本を代表するような能力やスキルの発揮が自社に描けると、夢が膨らみます。しかし、この夢が現実のものとなったときに、自社が支払える賃金水準を具体化するのは、正直なところ、かなり難しいでしょう。

　そこで、**上位ポジションについては無限大（∞）で設定しておくのも一案です。**
　多くの企業のマトリクス人財育成制度の策定に携わってきての実感ですが、うまく運用ができると、数年をまたずして賃金水準は上方改定（ベースアップ）することになってきます。
　そうすると、未来枠の賃金水準は、該当する社員がいないうちから設定しても、近い将来、改定することになるわけですから、∞あるいはアキにしておく程度でよいと考えます。

■ Lポジションの各枠内には基本給レンジを設定

下層のポジションほど幅は狭く（場合によってはポジションごとに賃金額を1つだけ設定するシングルレート）、上層のポジションほど幅が広くなるよう設計

■ 隣接する各Lポジションとの相関関係

① 接合型：タテは接合型

② 重複型：ヨコは重複型

③ 階差型（かいさ）：一定レベル・クラス以上は階差型

※労基法41条該当者のライン決めと賃金の適正な格差をつける

# 「どうするか問題」の解決策 ①賞与

## お勧めは賞与評価は実施せず一律支給

　人事評価制度のリニューアルにあたり、給与システムの設計上、連動して考慮しなければならない各種「どうするか問題」が出てきます。

　まず①賞与をみていきましょう。「人事評価制度の実施運用をしていない」という会社でも、賞与評価はしているケースは多いものです。

　賞与は、短期の評価対象期間（半年、あるいは1年間）の業績や勤務態度に着眼するものが一般的で、中長期的な能力向上を見つめて評価する取組みはしない点に特徴があります。

　今回、マトリクス人財育成制度を導入・運用していく過程で、賞与評価をどのようにするかを決定していきましょう。

　選択肢としては以下のようなものがあります。

①賞与評価は実施せず、一律支給とする

②賞与評価を本制度と同軸基準で実施し、支給額を決定する

③賞与評価は本制度と別軸基準で実施し、支給額を決定する

④賞与自体の実施を廃止する

　**本書でのお勧めは、①賞与評価は実施せず、一律支給とする**です。

　マトリクス人財育成制度の運用が軌道にのるまでは、制度運用に集中し、賞与評価を別に行うことはしない、という選択です。

　このやり方では、**まず賞与支払予算総額を確定させます**。例えば、全社員の基本給の1か月相当額を賞与予算として引き当てておき、半期の営業利益予算額を上回った額（または下回った額）の30％を上乗せ（減額）するといった方法で予算額を確定させます。

引当予算額の妥当水準は会社ごとに異なるので、自社のポリシーを改めて設定してみるとよいでしょう。

column

## そもそも賞与を支給すべきか否か

NC旋盤加工業N社は、賞与は少なくとも1か月分支給するとしており、かつ、全員に同じ月数分支給することとしています。

賞与の支給額「〇か月分」が決まると社長は朝礼で告知し、社内掲示板にも、業績の概要とともに「今期の夏季賞与は『1.75か月分』に決定しました」などと書面で貼り出します。

同社は、リーマンショックの影響で通常5億円の売上規模が3,600万円まで激減した2009年も、賞与を支給しました。「社員にとっては賞与も含めて生活費。その安定を守るのが社長の仕事」と自身のポリシーを語っていた社長の姿が印象的です。

現在はリーマンショック時に学んだことを活かし、売上規模は10億円が視野に入るまで成長し、賞与の支給額は高水準で維持されています。潤沢な内部留保を確保する経営スタイルも、「いざというときにも給与・賞与を守る」という意思の表れでしょう。

とはいえ、こうした考え方の会社であっても、調整が必要だと思われる社員については、特別加算または特別減算といった個別調整を行っています。

そのほか、夏冬賞与を廃止し、決算賞与に一本化する会社も存在します。賞与制度自体、賛否両論あり、その良し悪しを論じるのは難しく、多様な考え方ができるでしょう。

ただ、昭和生まれで会社員経験もある私は、年2回の賞与支給が楽しみだったクチ。廃止には賛同しません。これは専門家としての意見ではなく、個人の好みの話です。

# 「どうするか問題」の解決策
# ②固定残業代

## 生産性を高める方向に向かう固定残業代であればアリだが…

　以前、開業したての飲食店経営者が、「新たに雇い入れる社員の雇用契約について相談したい。独立前の勤務先で運用されていた賃金表を流用しようと思うが、解読ができない」と来社されました。

　その賃金表をみて唖然としました。総額賃金は昇給していくのですが、基本給は最低賃金から算出した月給のまま変わらず、昇給額はすべて固定残業代なのです。残業代は固定残業代以外には支払われないシステムでもあり、赤信号の横断歩道を渡るような危険行為です。

　よくトラブルにならずに経営しているものだと、あきれてしまいました。固定残業代以外の残業代の不払いもそうですが、**人事評価制度で等級も設定しているのに、等級が上がっても基本給が変わらないシステム**だったからです。

　そのような仕組みを理解しないまま独立した経営者の方は、前勤務先の賃金表が意図するところを初めて知り、複雑な表情をしていました。

　「唐突に極端な事例の紹介？」と思われたかもしれませんが、残念ながらこれも現実なのです。

　固定残業代制度を導入している会社には、大きく2つの異なる目的意識があるようです。

　1つ目は、**「どのみち長時間労働になってしまうので、あらかじめ残業代を支払っておきたい」「基本給を抑えつつ固定残業代をつけることで総額月給額はそれなりに見栄えのする額にしたい」**というもの。

2つ目は、「**効率よく仕事を切り上げて帰る社員にも残業代を一定額支払うことで、残業時間削減へのネガティブイメージを払拭し、生産性をあげて勤務時間の短時間化を目指していきたい**」というもの。

　月20時間分の残業代を支給する制度を導入した会社もありますが、これなどは後者に相当する例です。同社社員の平均残業時間は10時間程度だそうですから、20時間を超える「追加残業代稼ぎ」のダラダラ残業は減るでしょう。

　**後者の固定残業代については否定しませんが、前者の固定残業代は廃止していく、または目的の再定義を実施して後者の固定残業代へ転換する方向で検討してはいかがでしょうか。**

　業界全体を取り巻く商習慣などを変えるのは難しいと感じている経営者も多いと思いますが、社会全体が短時間労働化に向かっている大きな潮流にあらがえば、その業界に若い有能な人財が入ってこなくなり、結果、業界自体が縮小してしまうことになる気がします。

　固定残業代を廃止する場合、基本給の昇給額相当分の固定残業手当額を減額することで昇給により固定残業手当を吸収させていく方法が一例としてあげられます。

　基本給が昇給しても、その分、固定残業手当が減額されるので、総支給額は変動しませんが、現実的には昇給になっています。

　その理由は2つ。1つには、基本給の昇給によって、割増賃金算定基礎額（残業単価）が引き上げられるから。もう1つは、固定残業手当額が減額されているので、相当残業時間数も減っているから。

　結果、相当残業時間数を超過する分の残業代は新たに追加支払いされることになり、単価も高いため、月々の総支給額は増額するわけです。ただし、残業が発生しない月は、これは当てはまりませんが。

　とはいえ、現場を見ると、固定残業代をつけたまま人事評価制度を運用したいという会社も少なくありません。この場合、相当残業時間数分の残業代を含めて基本給テーブルを表示するのも一案です。現実をみてベストチョイスでいきましょう。

# 「どうするか問題」の解決策 ③諸手当

## 原則、統廃合できるものは基本給に組み込む

　従来支給がなされてきた各種手当は、人事評価制度の導入・改定を機に、統廃合できるものは一挙に基本給に組み込んでしまいましょう。

　具体的には、以下のような手当については検討のうえ、再編しましょう。

・属人給

　家族手当・年齢給・勤続給等が、これに該当します。

　年功序列制を志向していないマトリクス人財育成制度では、これらの要素も基本給で決定していくことをお勧めします。

　また、家族手当は、会社のポリシーによりますが、とりわけ被扶養配偶者手当の支給を行っている会社に、私は力強く「廃止しちゃいましょう」と提案しています。女性の社会進出を思いとどまらせる大きな原因となっているためです。

・役職手当

　課長、部長、PM（プロジェクトマネージャー）等、担っている役割に応じて加算される手当が、これに該当します。

　等級基準（Class）と職位が連動していない制度になっている場合は、別建てにしましょう。連動している場合は、基本給額に組み込むことも可能です。

## • その他手当

　在宅勤務手当・通勤手当・資格手当等、一定の要件をクリアしている期間に限り支給する趣旨の手当は、支給が行われなくなることも想定されるので、別建てにしておくことがふさわしいでしょう。

　人事評価制度の策定支援の依頼を受けた会社から現状の賃金項目を教えていただくと、実にさまざまな諸手当が支給されている実態がみえてきます。

　例えば、調整手当、特別手当、その他手当1、その他手当2、その他手当3……。

　果ては、タイトルなしの「手当」という名の手当もみたことがあります。

　「社長、この『手当』って何ですか？」と尋ねる私に、「いや、先代の時代からあったんで、自分にもその目的はよくわからないんだよ」といった答えが返ってきました。

　**給与システム刷新のタイミングは、またとない「諸手当の整理整頓の大チャンス」です。**

New Standards for Personnel Evaluation

# 「どうするか問題」の解決策 ④その他

## 退職金…不利益変更等の検証を経て退職金制度の調整も検討

　退職金制度が存在する会社では、人事評価制度の改定を受けて、退職金制度も連動するものとなっているか、不利益変更がないかを検証し、**必要に応じて退職金制度の調整も実施する必要があります。**

## 定年後の賃金…正社員と同じLポジションマップを適用

　定年を迎えた社員を再雇用する場合の賃金について、悩まれている会社が年々増えていると感じます。

　一昔前は、初任給程度まで大きく賃金の引下げを実施する例も少なくありませんでしたが、2019年の法改正による同一労働同一賃金の導入後、正社員勤務時との比較で60％を下回る賃金格差は不合理とみなした裁判例も出ています。

　また、高年齢者雇用安定法の改正により、65歳を超えて70歳までの就業機会確保について企業に努力義務が課されたこともあり、シニア層の活用を真剣に検討し始めている会社が多いようです。

　さらには、雇用保険から支給される高年齢雇用継続基本給付金の支給割合も、今後引き下げられていくことが法定されています。

　マトリクス人財育成制度では、**定年後の再雇用契約においても、正社員の賃金を考えるときと同じ仕組みを適用すること**をお勧めしています。

　「仕事内容が変わった」「役割の軽減がなされた」など、賃金を下げ

るべき事情が発生した場合、ClassとLevelで調整をかけましょう。

　一方、「従来と何ら変わらない仕事に就いてもらってるんだよね」
というケースでは、同じLポジションマップで処遇すると賃金水準は
維持されることになります。

　従来、定年後再雇用であるという事情だけで、一律に賃金の引下げ
をしていた会社ではコスト増になりますが、シニア層に活躍し続けて
もらうための必要な決断ととらえることができるのではないでしょう
か。

## 非正規社員の賃金…正社員と同じLポジションマップを適用

　マトリクス人財育成制度では、**非正規社員についても、正社員と同
じ仕組みを適用して、ポジション設定することをお勧めしています。**

　制度運用にあたっては、例えば、「Class 2までを非正規社員のヨコ
軸の範囲とし、タテ軸には制限を持たせない」という運用例がありま
す。

　なお、**元正社員が家庭の事情などでパート勤務者などに契約変更す
る際は、獲得しているStageはそのままとし、期待されるアウトプッ
トを考慮してLevelを引き下げる運用も可能です。**本人との話し合い
を経て、合意形成しながら進めていきましょう。

# 新給与システムへの
# 移行措置を実施しよう

## 昇給が妥当か検証しながら進める

　各ポジションの賃金レンジが定まり、諸手当の統廃合も終えたところで、社員を仮格付けし、新たな賃金システムでの新給与と、現在の給与との比較を行います。

　そうすると、賃金システムの変更により、①昇給すべき社員、②降給すべき社員、③同額のままで移行できる社員の3パターンに分かれることになります。

　**検討が必要なのは、特に①昇給すべき社員と②降給すべき社員です。**

　**昇給が必要な社員**には、新システムへの移行に伴い、昇給させればよいだけです。

　これまで、女性社員や若手社員の昇給をダイナミックに実行する企業など、さまざまなケースをみてきましたが、**注意したいのは、昇給幅があまりにも大きい場合**です。

　その社員を仮格付けしたポジションが正当なものであるかどうか、社内でしっかり検討してみることが必要です。また、**設定した賃金レンジ自体の見直しも視野に入れてください。**

　制度づくりは、テーマごとに進行していきますが、行きつ戻りつして調整をしながら、自社に最適なものをつくりあげることがゴールです。最初からビシッと決め打ちできるものではありません。

　したがって、**確定した賃金レンジを調整することにネガティブな思いを抱かなくても大丈夫です。**

　**降給が必要な社員**も、仮格付けしたポジションが正当なものであるかどうかを検討することが必要です。そのうえでポジションが確定した場合であっても、**新システムへの移行と同時にいきなり降給させるのは危険です。**

　もちろん、あまりにも高すぎる「いびつな給与」を受け取っていることを本人も自覚している場合は、丁寧な話し合いを経て、合意形成してから降給する、ということは可能です。

　ただし、一般的には、社員のモチベーションを下げずに、「成長を通じて挽回していこう」と前向きな思いを抱いてもらえるように、**貢献期待給（＝一般的には調整給まは調整手当）を一定期間セットすることをお勧めしています。**

　貢献期待給は、対象社員が退職するまで支給し続ける例もありますが、それでは、「今後退職するまでの間、あなたが新給与システムにより昇給することはまず無理だと思っていますよ」と伝えていることになりかねません。

　私がお勧めするやり方は、段階的に廃止していく方法です。

　期間中に、能力向上・発揮度向上・他者貢献度向上など、成長を遂げて昇給していけば、不足の

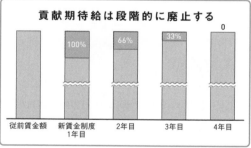

補填はいらなくなりますから、「成長を期待しているよ！」というメッセージとともに進めましょう。

　例えば、上図のようなステップにより**段階的に廃止**します。

　初年度は従前額と同額になるよう、貢献期待給を支給します。しかし、次年度は貢献期待給は初年度の66％へ、その次の年度は33％へ、そして最終的には廃止していくというものです。

賃金規定の策定例は次のようになります。

---
**規定例**

　従前賃金から新賃金に移行する際に発生する不足差額分は、3年を限度として次のように差額保障を実施する。
　1年目：不足差額全額を貢献期待給として支給。
　2年目：1年目の貢献期待給の66％を支給。ただし、昇給した新賃金との合算額が従前賃金額を超える場合は、その超える部分の貢献期待給の支給は終了する。
　3年目：1年目の貢献期待給の33％を支給。ただし、昇給した新賃金との合算額が従前賃金額を超える場合は、その超える部分の貢献期待給の支給は終了する。

---

　このケースでは、3年間の長い期間を設けて段階的に不足差額に補てんしていくというものになっており、「いささか長期ではないか？」と思われた人もおられるでしょう。

　しかし、貢献期待給の支給は「成長を期待しています」というメッセージでもあるわけです。人は急には成長しませんから（それができたのであれば、今までサボっていたことになります）、**ある程度の期間を設けるほうが自然**なのです。

　ところで、降給が必要な社員には貢献期待給の支給があったとしても、これは「今までもらっていた給料は、あなたの能力からすると高すぎたんですよ」というメッセージを伝えることになり、モチベーションはどうしても下がってしまいます。

　その社員が会社にとって、今後もずっと働き続けてほしいと望む人であるならば、人事政策としてポジションを上げておき、そもそも高いゾーンに貼りついている人ならば、そのゾーンの賃金レンジ自体を引き上げることも、実際には行われているようです。

　このあたりは、各社の考えが色濃く影響するところでしょう。

第 **4** 章

育成システムをつくる

# マトリクス人財育成制度は
# その運用自体が育成になる

## 「ヨコ軸人財」に求められる健全な心構え

　人事評価制度を策定する意味は、個々人の能力をモノサシによって評価格付けし、これによって賃金を決めることにもありますが、最も重要な目的は「成長の支援」、つまり「育成」です。

　**人事評価制度を「育成できる制度」として運用しないことには、単なる「賃金決定のためのツール」でしかなくなります。**

　マトリクス人財育成制度は、この営み・運営自体が育成の仕組みになっています。

　タテ軸方面で上位にある社員は、例えば顧客に求められる技術力の指導を下位の社員に惜しみなく行うようにしたいものです。

　ヨコ軸方面で上位にある社員は、下位にある社員に、自己の専門分野だけにとどまらず、会社全体のことを見渡した最善の行動を選択できる社員が増えるように、組織運営上の指導を惜しみなく行うことが求められます。

　評価者となる上司は、マトリクス人財育成制度において「ヨコ軸の上位の社員」となります。

　ヨコ軸の上位の社員には、部下の成長にコミットメントできる健全な心構えが求められます。**ある分野で自分より卓越している、あるいは卓越していこうとしている部下の成長を心から喜び、部下の能力発揮のために力を貸すことがヨコ軸人財には求められます。**

# 上司に求められる姿勢は即時フィードバック

## 事実に基づいたフィードバックを実行する

育成の現場では、上司による**観察**が求められます。

人は、「自分との約束」よりも、「他の信頼している人と交わした約束」を守ることを優先するものです。

目標設定面談で設定した目標は、本人と上司との約束です。

その約束の達成に向けて必要な取組みを部下が実行しているかを観察し、適切なフィードバックを与えていくことが上司に求められる育成の姿勢です。

目標に照らして、取組みが順調であれば「順調に進んでいるね」と肯定的なフィードバックができますし、軌道修正が必要であれば、すかさずそのことをフィードバックします。

**フィードバックは主観を加えず事実に基づき実施します。**

上司と部下の関わり方について、私は**選択理論心理学**の考え方を採用しています。

選択理論心理学は、精神科医のウイリアム・グラッサー博士が、1965年にリアリティセラピーとして発表したカウンセリングの技術から学術的に体系立てられたもので、1996年に「選択理論」としてまとめられた比較的、最近の心理学です。

適用分野によって4分野（①カウンセリング分野、②学校教育分野、③職場におけるマネジメント分野、④個人生活分野）に分けられ、とりわけ③職

場におけるマネジメントへの適用について、ビジネス選択理論として確立されています。

　従来の行動主義心理学では、「人は外側からの刺激に反応して行動する」と考えられてきました。

　そのため、部下に対し、「いかに効果的な刺激を与え、モチベーションを保ち、高めていくことができるか」に焦点があてられてきました。

　ところが、選択理論心理学では、**自分（脳）の外側にあるものは、すべて「単なる情報」であり、その情報を本人がどのように解釈するかも、解釈した結果どのような行動に移るかも、「本人の選択による」**としています。

　この考え方に基づくと、フィードバックする側の上司も、それを受けとめる部下も、自分の考える「正しさ」を押し付けている、または押し付けられているという**観念から解放されれば、率直なコミュニケーションをとることができるようになるはず**です。

　労働施策総合推進法の改正により、中小規模の企業においても2022年4月以降、職場におけるパワハラを防止するための措置を講ずることが義務付けられました。これを受けて管理職層の方から、「部下に厳しい指導をすることができなくなった」と嘆く声が聞こえてきます。

　しかし、**事実に基づいた共通認識により、自己評価を促す即時フィードバックは、ハラスメントにはなりません。**

　今起こっていること、現時点までの目標に対する進捗度について、その場でフィードバックしていくことで、チーム全体で成長していける組織をつくりましょう。

# 「えんまちょう」に記録し フィードバックを定例化

## どんなフィードバックをしたかを時系列で記録する

　上司と部下の面談は、①期首、②中間、③期末と、年度内で3回行うことを本制度では提案しています。

　期首から中間面談までの間は6か月の間が空きます。

　この間、即時フィードバックを重ねていきますが、日々の業務のなかで取り組んだことを忘れてしまわないように、**「いつ・どんなことがあり、どんなフィードバックをしたか」を記録**しておきます。

　一昔前は、部下の育成ノート（通称「えんまちょう」）を準備し、上司から部下にフィードバックしたことを、こまめに記録していくよう、上司に推奨していました。

　現在であれば、例えば、スマートフォンのボイスメモ機能を使って、口頭で記録していく方法も効果的かと思います。

　中間面談や、期末時に行う1年後の振り返り面談において、**半年間や1年間の成長の軌跡をたどっていけるよう、都度、時系列で記録していく**ことをお勧めします。

　スマートフォンのボイスメモ機能による記録も一案と述べましたが、昨今では「えんまちょう」の機能を具備したソリューションが数多く出ています。

　「HRvis」「HiManager」「カオナビ」等、クラウド上で社員のマネジメントができるシステムは枚挙にいとまがありませんが、なかでも「HRvis」は、社会保険労務士が制度を構築したソリューションで、

中小零細企業のニーズをよく汲んでつくられていると感じます。

部下の育成に「ほったらかし」はNG。適度な介入を

『自律型社員を育てる「ABAマネジメント」』（アニモ出版）において、応用行動分析学をわかりやすく説いた社会保険労務士の榎本あつし氏は、**何が、その人をよりよくさせるのかということをみつめ、部下の行動に介入していく**ことを提唱しています。

「期首に目標設定するのは、これが達成されたか未達だったかを期末に判定することが目的ではない。達成を獲得することを目指し、評価対象期間中の成長を促進するため。だから、かかわりをしていく。部下に介入する」という考え方です。

ややもすれば、人は設定した目標を忘れてしまいます。忘れた目標が達成される確率は、かなり低くなります。

そこで、適切なタイミングで、設定した目標を上司と部下が確認しあい、具体的な成長ステップを踏んでいけるようにするのです。

折に触れて対話することで気づきを与え、これを繰り返すことで、設定した目標は達成され、社員は確実に成長を遂げていけるのです。

つまり、**上司が部下を「ほったらかし」にするのは厳禁**です。やりたいことは「部下の査定」ではなく、「部下の成長促進」なのですから、当然のことでしょう。

効果的に対話の機会が持てるよう、1on1（上司と部下の1対1のミーティング）を、折に触れてセットしていきましょう。

日常のコミュニケーションは、どうしても、日常業務に関する指示に大きく偏ってしまいます。そこで、日常の現場を離れ、部下の目的意識の再確認や、目標の進捗度合いの確認をする対話が重要になります。

# 育成システムは
# 年間体系化する

## 継続性を重視しながら、教育内容に一貫性を持たせる

　ここまで、「マトリクス人財育成制度そのものが育成システムである」と述べましたが、併せて年間育成計画を定めることも行っていきましょう。

　**育成計画は、「Stage アップのための研修」「Class アップのための研修」を分けて実施します**（124、125ページ参照）。

　**Stage** アップは、それぞれの社員が目標として設定する分野で卓越した技能を身に付けるために、上司や会社が提供するもので、あらかじめ予定されている研修があれば、これを年間計画にする、ということです。

　**何年かの時間をかけて研鑽の場をつくり上げていくことで、「わが社の教育訓練体系」ができあがっていきます。**

　**Class** アップは、理想の組織をつくっていくための、マネジメントのマインド・ノウハウ・スキルを習得できるものを取り入れましょう。

　**ある程度の規模の会社であれば、社内で運営できるかもしれませんが、外部集合研修への参加を私は推奨しています。**

　外部集合研修のよさは、他社の同程度の責任を担う人財との出会いによって、新たな気づきが得られることにあります。

　外に出てみて自社のよさを知ったり、自身の課題に気づけたりしますし、何より社外に人脈ができます。

## Stage アップとClass アップの研修を分けて実施した例

| | 研修名 | 研修内容 | 対象者 |
|---|---|---|---|
| Stageアップ研修 | 新人研修 | 社労士事務所で行う社会保険関係・給与計算事務の基礎学習 | 新入社員（Start） |
| | フォローアップ研修 | 確実な実務へ繋げるたの教育 | 入社半年〜1年未満 |
| | | | Stage 1 |
| | 実務研修 | 社会保険事務・給与計算事務への理解を深めつながりを理解する | Stage 1〜2 |
| | | 外部講師から社労士業務のより深い知識を学ぶ | Stage 4〜6 |
| | 年更・算定研修 | 年度更新・算定基礎届とは、を学ぶ | 新入社員 Start〜Stage 1 |
| | | 年度更新・算定基礎届を理解して申請や届出ができるようにする | Stage 2 |
| | 年末調整事務 | 年末調整事務について学ぶ | 新入社員 Start〜Stage 1 |
| | | 年末調整事務の手順を理解し、給与計算を正しく行えるようにする | Stage 2〜3 |
| | eラーニング | 当社の基本レジュメの内容等、客先に提供する業務の理解 | stage 1〜4 |
| | その他研修 | 各チームに必要な研修 | 全員 |
| Classアップ研修 | ビジネスマナー研修 | ビジネスマナーを学ぶ | 新入社員・未受講者及び希望者 |
| | チューター研修（1日） | 「機会指導」と「計画指導」の両面から人材育成を捉え、場当たり的な指導を防ぐ。また、自身のコミュニケーションの特徴を知り、効果的な指導のスキルを習得する | Class 3以上 |
| | リーダー研修（3日間） | 経営環境と職場の変化をふまえ、リーダーに期待される役割・機能を理解し、職場課題の解決、活力ある職場の創造に向けて求められる実践能力を養う | Class 4以上 |
| | ファシリテーション研修（1日） | 顧客・同僚との会話力、交渉力、課題解決力の向上を目指す | Class 3以上 |
| | 管理職研修（3日間） | 管理職としての役割を認識し、職場の革新に向けたマネジメントの基本と実践を学ぶ | Class 5以上 |
| | 上級管理職研修 | 管理職として、ミドルアップダウンや横連携で推進する機能・役割を理解する | Class 6以上 |
| | マネジメント力強化・経営戦略研修 | 組織を戦略的に革新し、マネジメントするためのリーダーシップ力を学ぶ | Class 7以上 |

＊その他…OJTにより通年をとおし基礎知識を学び、スキルアップを目指す

| 実施時期 | 目的 | 備考 |
|---|---|---|
| 入社後（11月・5月） | 社労士事務所で行う基本的な業務について概略を理解する | 社内研修 |
| 11月・5月 | 新人研修で学んだ知識を定着させ日々の業務をスムーズに行えるようにする | 現新人研修 |
| 入社半年後 | | |
| 年1回（3月or9月） | 社内講師によるスキルアップを目指す | Stage 4以上役員が講師 |
| 年1回（3月or9月） | 客先へより高い価値を提供する | 外部講師を呼ぶ |
| 各省庁で行う説明会実施時期 | 年度更新・算定基礎を正しく理解し手続きを行う | 省庁の説明会 |
| 4月・5月 | | 社内勉強会 |
| 税務署が行う説明会（11月頃） | 年末調整事務を正しく理解し給与計算を行う | 省庁の説明会 |
| 10～11月 | | 社内勉強会 |
| 適宜 | 社労士業務の基本を理解し日々の業務に活かす | 社内研修 |
| 適宜 | 各チームの知識・スキルアップのため | 外部研修 |
| 11月・5月（入社のタイミング） | 社会人としての基本を身につける | 社内研修 |
| 班長になって1年以内に日本生産性本部で開催されるセミナー | 班長として人材育成や指導スキルを学び、班の活性化に活かす | 外部研修 |
| リーダーになって1年以内に日本生産性本部で開催されるセミナー | リーダーとしての自覚を持ち、メンバー指導と理念浸透を目指す | 外部研修 |
| チューター研修またはリーダー研修を受講後1年経過後 | 顧客・同僚との会話力、交渉力、課題解決力の向上を目指す | 外部研修 |
| 管理職になって1年以内に日本生産性本部で開催されるセミナー | 管理職としてのモチベーションを高め、職場の革新に向けた行動を起こす | 外部研修 |
| 上級管理職になって1年以内に日本生産性本部で開催されるセミナー | 管理職としての役割・責任を認識し、組織を強化する行動を起こす | 外部研修 |
| サブマネージャーになって1年以内に日本生産性本部で開催されるセミナー | 組織を戦略的に革新するリーダーシップ力をつける | 外部研修 |

私の関与するある会社では、地元の法人会、商工会議所、産業別の業界団体、職業能力開発協会、日本生産性本部などの民間研修機関の研修を活用しています。

　こうした外部研修にはさまざまなものがあるようですが、会社の研修担当者には、**「受講者を継続して送り出すことができる機関であるかどうかに着眼してください」**と案内しています。

　例えば、新任課長が必ず受講する外部研修が、その都度、異なる研修機関によって提供されるものだと、受け取る教育内容に一貫性がなくなり、「共通言語」が持ちづらくなるのです。

### 年間体系化に必要な3つの観点

　育成計画を年間体系化していくにあたっては、次の3つの観点からのニーズに基づいて、その内容を策定してみましょう。

#### ① 経営戦略観点からのニーズ

　事業の成長を見越して、中長期的に必要となるスキルを備えた人財を育成する観点から、未来視点で育成を行うための教育です。

　現場の社員にとっては、「今」必要なものではないため、ピンとこないかもしれません。

#### ② 現場からのニーズ

　より具体的なスキル習得に関するニーズは、現場の声を拾い、吸い上げていくのがよいでしょう。

　受講対象者として会社が指定したゾーンの社員は、勤務時間中に研修を受講することになりますが、対象外の社員でも希望する者がいれば受講できる道をひらいておくのも一案です。

#### ③ 個人からのニーズ

　個人がテーマとして持っている研修の希望について、ヒアリングしてみるのもよいでしょう。「学ぶ」ということに意欲的な社風を醸成

することにもつながります。効果的に個人のニーズも年間教育計画に取り入れていきましょう。

この場合、「会社の勤務時間を使って受講すべきもの」と、「福利厚生として費用は会社が補助するが、勤務時間以外に受講することができるもの」とに区分されることになります。

できれば研修は、「会社から命じられて受講しなければならないもの」といった位置づけではなく、**自分自身のステップアップのために受講するもので、そのことを会社としても歓迎しサポートしてくれるもの**」という位置づけにしたいものです。

年間体系づくりにあたっては、厚生労働省が情報提供している「社内研修・教育モデル基準」も参考になります（128ページ）。

なお、こういった公表されているものではなく、自社が必要とする研修を1つずつ積み上げ、この蓄積によって自社の教育システムをつくり上げていく、というステップを踏んでもよいのです。気負わずいきましょう。

# モデル教育研修カリキュラム

| 職　種（職　務） | 人事・人材開発・労務管理<br>（労務管理） | レベル | レベル2 |
|---|---|---|---|
| 教育研修後の期待能力水準 | グループやチームの中心メンバーとして、創意工夫を凝らして自主的な判断、改善、提案を行いながら業務を遂行するために必要な能力水準 ||||
| 教育研修後に期待される<br>発揮能力の例 | ・コンプライアンスを実践し、組織の中核メンバーとして、協力的な職場環境の創出・維持に取り組んでいる。<br>・労働法令を一通り理解し、法令や就業規則に沿って日常的な就業管理や安全衛生実務を独力で行っている。<br>・福利厚生、就業管理など労務管理に関する諸制度の企画立案を行っている。 ||||

| 区分 | 項目 | 教育研修の内容 |||
|---|---|---|---|---|
| **習熟させる<br>(OJT)** | 労務基本実務 | コンプライアンス実践、PC操作効率化実務（ワープロソフト、表計算ソフト、プレゼンテーションソフト）、日程計画管理実務、稟議書等作成実務、人事情報システムの改善実務など |||
| | 労使関係実務 | 就業規則の改廃作業実務、労働組合との交渉実務（団体交渉の実施・労働協約の締結等）、労使協議に関する実務（労使協議制に関する規定作成・労働側代表との事務調整等）、労使紛争やトラブルへの対応実務など |||
| | 就業管理実務 | 就業管理に関する諸制度の設計・運用実務（変形労働時間制・裁量労働制等）、超過勤務に関する助言・指導実務、労使協定の締結・届出実務、外国人労働者の雇入れ実務など |||
| | 安全衛生実務 | 安全・衛生委員会の運営実務、社内規定整備に関する実務、安全点検実務、作業環境の測定実務、社員の健康確保に関する実務（健康診断、メンタルヘルス等）、労働災害の原因調査や責任問題への対応実務など |||
| | 福利厚生実務 | 福利厚生制度の改編実務、寮・社宅・持ち家制度の設計・運用実務、財形制度や社内融資制度の設計・運用実務、レクリエーション活動に関する行事の企画・運営実務など |||
| | 国際人事・労務管理実務 | 海外赴任者に対する処遇実務（手当・賃金体系・健康管理・安全管理等）、帰任者のケアに関する実務、外国人スタッフに関する実務（採用・退職・人事管理・労務管理）など |||
| **習得させる<br>(OFF-JT<br>自己啓発)** | 労使関係 | 就業規則（目的・作成と変更・不利益変更等）、労使協定、労働組合、労働協約、団体交渉、不当労働行為、労働争議、労使協議制、労使コミュニケーション組織、従業員代表制、労働契約、個別紛争・トラブル、ワークライフバランス、労働組合運動をめぐる世間一般の動向、関連法規など |||
| | 就業管理 | 労働時間（変形労働時間制・みなし労働時間制、適用除外等）・休憩・休日、時間外・休日・深夜労働、休暇（年次有給休暇・法定外休暇等）、特定労働者の雇用・就業管理（妊産婦・育児中や介護中の者・年少者・高年齢者・障がい者・外国人労働者・派遣労働者等）、ワークライフバランス、労働組合運動を巡る世間一般の動向、関連法規など |||
| | 安全衛生 | 環境の変化と安全衛生の課題、安全衛生管理体制、安全衛生教育、労働災害の防止、労働安全衛生マネジメントシステム、職場環境の管理と改善、健康管理の推進、メンタルヘルスの推進、ワークライフバランス、労働組合運動をめぐる世間一般の動向、関連法規など |||
| | 福利厚生 | 労働事情・労働者意識の変化と福利厚生、福利厚生費用管理、各種福利厚生施策（住宅施策・財産形成施策等）、ワークライフバランス、労働組合運動をめぐる世間一般の動向、関連法規など |||
| | 国際人事・労務管理 | 国際人的資源管理（雇用管理の諸問題、幹部育成・登用・処遇、各種雇用契約書等）、海外派遣要員の選抜・赴任前研修、派遣者管理（賃金・処遇・健康管理・安全管理・子女管理等）、帰任者問題、国内における外国人雇用、国際スタッフ問題（逆出向、登用等）、海外事業所の所在国における労働法制・雇用慣行、関連法規など |||
| **備考** | 「習得させる」については、ビジネスキャリア検定（労務管理2級以上）の学習で代替可 ||||

出所：厚生労働省「社内研修・教育モデル基準」　　　　　　　　　　　　モデル訓練カリキュラム（労務管理L2）
https://www.mhlw.go.jp/stf/newpage_08078.html

# 部下の育成システムで<br>上司も育成される

## 上司の役割を「仕組み化」させる

　社員の育成にあたり、上司が部下を「ほったらかし」にするのは厳禁だと述べました。

　ただ、「どのようなことをすれば社員を『ほったらかし』にした状態とはいえなくなるのか？」とご相談を受けることもあります。

　そこで、この章の締めくくりとして、部下を持つ管理職の方向けに、ちょっとしたコツをご紹介します。これはある意味、「上司の役割の仕組み化」につながるアドバイスになるのかもしれません。

　「今までこんなことしてこなかったけど、すっかり習慣になったな」と、上司であるご自身の変化や成長も実感できるようになれば、会社はもっとよくなるはずです。

### ① コメント力を高める

　部下へのフィードバックをするとき、「コメント力」が問われてきます。ボキャブラリを蓄積する努力が必要です。そうでないと言葉に詰まってしまいます。

　場数を増やすという観点から、社内で部下と面談する場を適度に増やしていきましょう。また、読書習慣を身につけて、ボキャブラリを増やすようにするのも効果的です。

　なお、**部下と面談するときは、その会話の50％以上を「部下が語っている状態にすること」**が重要です。上司が語ってばかりいる状態はNGと心得てください。

② ストロークのコツを押さえる

　部下が「できていること」と「できていないこと」で、伝え方を変えるようにしましょう。

　**「できていること」については大げさにほめてください。**

　以下のように、**主体をアレンジさせて伝えるのも効果的**です。

YOUメッセージ　「あなたはすばらしい」
Iメッセージ　　　「私はこう思ったよ」
WEメッセージ　　「このような評価があったよ」

　**「できていないこと」は具体的に伝えます。**

　このとき、「決めつけ」るような言い方は、人間関係を悪化させるキッカケになる可能性がありますから、自己評価を促す「質問」を効果的に使っていくことをお勧めします。

- ○○さんと今回のプロジェクトをご一緒していて**気づいたことがあ るのですが、お伝えしてもいいですか？**
- 月初ミーティングは、よほどの事情がなければ出席することになっ ていますから、昨日の欠席**を心配している**のですが、ご自身の認識 では、**どのように位置づけていましたか？**
- 先月のアポ件数が未達のようで、**何かできることはないかと思って** いるのですが、ご自身の目標値と実績との比較では、**どのくらいの 達成度でしたか？**

　質問は「対話のキッカケ」となります。また、自己評価を促すことにより、自ら改善点を見出すことができるようになります。

③ 評価スキルを高める

　119ページで「フィードバックは主観を加えず事実に基づいて」行うと述べましたが、これはかなり重要です。**相手の人間性を持ち出し た評価をしないでください。**「事実」にフォーカスします。

　また、上司として**部下に求めることや、足りなかったものについて は明確に**コメントします。そして、**「次は何ができたら評価されるか」 についても言語化**して伝えましょう。

第 **5** 章

評価システム・
給与改定システムをつくる

# 昇給額決定のための
# 評価の考え方

## 最終目的が「昇給額を決めること」になっていないか?

　繰り返しになるかもしれませんが、改めて「人事評価・考課は、何のためにするのか?」をみていきましょう。

人事評価・考課は、何のためにするのか?

企業の事業目的（企業理念・ビジョン）を達成するため

社員の成長を支援するため

評価を決めるため
昇給（賞与）額を決めるため
会社から求められているから

　人事評価・効果の最終目的は「昇給額を決めること」ではありません。**事業目的の達成を社員の成長により獲得していくために行う取組み**です。まずは、このことを明確にし、社内で意識を合わせましょう。

　とはいえ、現場には面談を経て昇給額を決定する営みがつきまといます。そこで、昇給額決定のための評価の考え方について、マトリクス人財育成制度を活用している会社の事例を踏まえてみていきます。

# ポジションチェンジまで
# 「給与改定ナシ」の例

## シンプル設計ゆえにシビアなシングルレート

　海外の食料品を取り扱う商社であるT社では、ポジション内の基本給に幅を持たせておらず、**単一の基本給額**が設定されています。これを**シングルレート**と呼びます（下図参照）。

---

### 基本給の主な設定方法

**シングルレート**

シングルレートは、ポジションごとに賃金額を1つだけ設定している方式。
レンジレートは、ポジション内で基本給に幅を持たせる方式で、ポジションの最高額が上位ポジションの最低額と一致している**「接合型」**、ポジションの最高額が上位ポジションの最低額よりも高額になっている**「重複型」**、ポジションの最高額が上位ポジションの最低額未満になっている**「階差型」**など、さらにタイプが分かれている。

**レンジレート**

接合型

重複型

階差型

---

シングルレートの設定は、「このポジションに格付けされたら○万円」というように、基本給がいくらになるかが明確です。

　「社員側からみてわかりやすい制度にしたい」「煩雑な制度にしたくない」ということであれば、シングルレートを検討してもよいのかもしれません。

　とはいえ、シングルレートはシビアさも内在している設定方法です。
　まず、**ポジションチェンジするまで昇給は一切ない**という点が挙げられます。
　業務に対して人を配置し、役割や業務内容が明確に定められているジョブ型雇用システムに振り切っている会社であれば、「担っている業務・役割の重さが変わらない限り昇給はない」ということに合理性があるため、社員はシングルレートへの違和感を持たないかもしれません。ただし、多くの日本人は、「冷酷な制度だな」という印象を抱く可能性が高いと思われます。

　また、**ポジションチェンジに伴う昇給額は、おのずと大きくなるので、昇給した社員としなかった社員との間の差は激しくなります。**
　つまり、評価の緻密さが、制度運営側に求められるわけです。うまく運営しないと、その評価や評価者に対する信頼を失い、制度運営自体が失敗してしまうことになりかねません。

　T社の場合、ポジションチェンジしなかった社員の不満はまったくないとは言い切れませんが、社員の定着率や業績が高い状態で維持している事実を踏まえると、制度運営が成功していると評価できます。「社風も関係してくるのだな」と感じさせられる例です。

# ポジションチェンジしない 場合の給与改定

## 昇給額を決めるロジックは3つある

　前項ではシングルレートの例を紹介しましたが、本書で提案しているマトリクス人財育成制度における基本給の基本的な考え方は、「**各ポジションの基本給をレンジレートで設計する**」です。

　あるポジションの基本給に下限額と上限額を設定し、ポジションチェンジしなかった場合でも、**評価対象期間に得た評価に応じて基本給の範囲を限度に昇給**していきます。

　このとき、**昇給額の決定ロジック**が必要になってきます。ここでは3つのロジック（方式）を解説していきます。

### ①昇給額決定方式

　獲得した評語（評価した成績。142ページ参照）によって、昇給する額を確定しておく方式です。

　従来型の賃金制度でよく見かける段階号俸表のように、**どの評語を獲得したらいくら昇給するかが明確**なので、見通しが立ちやすい利点が挙げられます。その際、**昇給額を決定しておくのはタテ軸（Level）方面のみ**で大丈夫です。

　その結果、次ページの表のような、金額が明記されている仕組みが生まれることになります。

　一方、昇給額決定方式では、経営状況に応じて昇給額を引き下げられなくなるため、**総額予算から逆算して評語を調整するという本末転**

| | 人　事　考　課 | | | | | | |
|---|---|---|---|---|---|---|---|
| | S | A | B+ | B | B− | C | D |
| L7 | 9,400 | 7,300 | 6,200 | 5,200 | 4,200 | 0 | −1,000 |
| L6 | 8,800 | 6,800 | 5,800 | 4,900 | 3,900 | 0 | −1,000 |
| L5 | 8,000 | 6,200 | 5,300 | 4,500 | 3,600 | 900 | 0 |
| L4 | 7,300 | 5,700 | 4,900 | 4,100 | 3,300 | 800 | 0 |
| L3 | 6,500 | 5,100 | 4,400 | 3,600 | 2,900 | 2,200 | 700 |
| L2 | 6,000 | 4,600 | 4,000 | 3,300 | 2,700 | 2,000 | 700 |
| L1 | 5,400 | 4,200 | 3,600 | 3,000 | 2,400 | 1,800 | 600 |

**倒な事態の温床にもなる**点が問題視されています。

　例えば、純正な評価はAだった人に対し、総額昇給予算内に収める観点からワンランク下げてB＋にする、といった具合です。

　これでは本人の評価に対する納得性が高まるはずもありません。

　評価制度に対する世の不満は、もともとは緻密な制度であるべきものにもかかわらず、運用に人為的要素が大いに加味されることに由来します。

　これを乗り越えるには、運用可能な粒度で制度構築することが重要です。

| | 人　事　考　課 | | | | | | |
|---|---|---|---|---|---|---|---|
| | S | A | B+ | B | B− | C | D |
| L7 | 3.11 | 2.42 | 2.08 | 1.73 | 1.38 | 0.00 | −0.35 |
| L6 | 2.92 | 2.27 | 1.94 | 1.62 | 1.30 | 0.00 | −0.32 |
| L5 | 2.66 | 2.07 | 1.78 | 1.48 | 1.18 | 0.30 | 0.00 |
| L4 | 2.43 | 1.89 | 1.62 | 1.35 | 1.08 | 0.27 | 0.00 |
| L3 | 2.18 | 1.69 | 1.45 | 1.21 | 0.97 | 0.73 | 0.24 |
| L2 | 1.98 | 1.54 | 1.32 | 1.10 | 0.88 | 0.66 | 0.22 |
| L1 | 1.80 | 1.40 | 1.20 | 1.00 | 0.80 | 0.60 | 0.20 |

## ② 昇給率決定方式

　①の考え方を維持しつつ、総額人件費予算による調整をしやすくする方法が昇給率決定方式です。

　タテ軸の位置（Level）と評語に応じて**昇給率を設定しておき、昇給単価に乗じて得られた額をその年の昇給額とします。**

　昇給単価は基本額は定めておいたほうがよいのですが、その年ごとに微調整ができる余地を残しているわけです。

　例えば、上表で運用するケース（評語＝B、L1）で説明すると、昇給単価が3,000円の場合の昇給額は①で示した昇給額表と同じ結果になり、単価が1,500円なら昇給額は①で示した結果の半額になります。

　人事評価制度のうち、賃金システムは特に改定が難しいため、**昇給単価を上下する操作を頻繁にするつもりはないという会社でも、昇給率決定方式を採用されるケースが多い**です。

　なお、昇給額表・昇給率表ともにLevel 8・9の設定がありませんが、これはフレーム決定の際に「未来枠」としたものであるため、昇給額・率ともに設定することを未来に預けているためです。

### ③全員一律昇給方式

「昇給予算は確保しておき、定期昇給はするけれど、ポジションチェンジがない場合は、**社員間の評価による差を設けず、一律の昇給にする」**という方法です。

　具体的には、**2〜5%程度でその年の基本給昇給率を定め、従前の基本給額に、昇給率を一律に乗じて昇給額を求めます。**

　昇給額を加算した額が、現在設定されているポジションの上限額を超過する場合は、上限額までとし、昇給はストップとなります。

MEMO

_____

_____

_____

_____

_____

_____

_____

_____

_____

_____

# ポジションチェンジした 場合の給与改定

## 新ポジションにおける基本給の原則

　ポジションチェンジした場合は、**新たなポジション枠で設定されている下限基本給額まで昇給させます。**

　例えば、右表の会社で、Class 1 Level 2・基本給17万円だった社員がポジションチェンジし、Class 2になった場合、基本給は17万5,000円になります。

| Level 3 | シニアアソシエイト | 190,000 ~ 180,000 | 195,000 ~ 185,000 | 205,000 ~ 195,000 |
| Level 2 | アソシエイト | 180,000 ~ 170,000 | 185,000 ~ 175,000 | 195,000 ~ 185,000 |
| Level 1 | アナリスト | 170,000 ~ 145,000 | | |
| Start | | 145,000 | | |

| 組織能力 | 格 | Class 1 | Class 2 | Class 3 |
|---|---|---|---|---|
| | 呼称 | ジュニアメンバー | メンバー | ミドルメンバー |

　ただし、直近下位ポジションで上限額まで基本給が昇給されている場合、ポジションチェンジしても給与改定はないことになってしまいます。

　前述の例でいえば、Class 1:Level 2の社員の基本給が、そのポジションの上限額である18万円だった場合、Class 2に上がったとしても基本給が下がってしまいます。

　そこで、**直近下位ポジションで上限額まで基本給が昇給されている場合は、135～137ページで紹介した①昇給額決定方式または②昇給率決定方式の昇給額を加味して、新たなポジションにおける新基本給額を決定します。**

## 昇格昇給をセットする例

　ポジションが上がる（または下がる）ということは、発揮する能力の向上（または下降）が認められ、役割責任が重く（または軽く）なることを意味しています。

　発揮する能力が向上し、役割責任が重くなった場合、**特別昇給をセットする**ことも考えられます。これを昇格昇給といいます。
　例えば、ポジションチェンジ（アップ）に際しては、必ず1万円は昇給させる、などです。

　ただし、本制度は、そもそもマトリクス状に等級が細分化されているため、導入した会社からは、「昇格昇給をセットしないほうが運用はスムーズにいく」という報告をよく受けます。

### 昇給単価基本額の定め方

昇給単価基本額のスタンダードな定め方は、次のような手順になります。

**①自社の、望ましく、かつ現実的な初任給基本給額を確定させる**

⬇

**②自社において40歳で理想的な活躍をしている上位2割に当てはまる社員がどのポジションにいてほしいか、また、その社員の基本給額がいくらであることが理想的かを確定させる**

⬇

**③そのポジションに至るまでに必要となる年数で、②の社員の基本給額と初任給基本給額の差額を割り戻す（下表参照）**

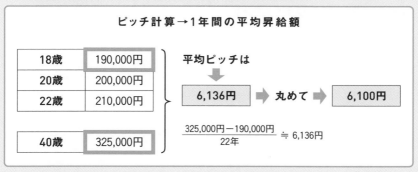

ピッチ計算→1年間の平均昇給額

| | | 平均ピッチは |
|---|---|---|
| 18歳 | 190,000円 | |
| 20歳 | 200,000円 | 6,136円 ➡ 丸めて ➡ 6,100円 |
| 22歳 | 210,000円 | |
| 40歳 | 325,000円 | $\dfrac{325,000円-190,000円}{22年} ≒ 6,136円$ |

⬇

**④その額を基準に昇給基準単価を設定する**

⬇

**⑤昇給基準単価に基づいて、タテ軸（Level）と評語による昇給額の段階を設定し、最終昇給基準単価を決定する。**

※①と②は第3章「給与システムをつくる」で取り組んだもの

# 評語の決定方法

## B(期待どおり)を中心に5段階に設定する

　さて、ここまで、評語に応じた昇給額または昇給率による昇給システムについてご紹介してきましたが、ここでは評語の決定を紹介していきます。

　マトリクス人財育成制度では、**評語は「B」を中心として5段階に設定する考え方を採用**しています。

| 特別枠 | S | 特筆すべき功績をあげたとき |
|---|---|---|
|  | A | 期待を上回った |
|  | B⁺ | 期待をやや上回る |
| 通常利用枠 | B | 期待どおり |
|  | B⁻ | 期待にやや及ばず |
|  | C | 期待に届かず |
| 特別枠 | D | 特に問題となるとき |

　評語の決定は、基本は期待どおりのBとし、これに及ばなかったか・上回ったかにより設定していくことになります。**評価決定会議において一次評価者が集い、評価結果の妥当性を審議して決定する**こととしましょう。一次評価者が担当する社員の評価結果を持ち寄り、人物を

見比べて、違和感のない結果をつくりあげるというものです。

　人事考課にはいくつかの手法がありますが、このやり方を**人物比較法**といいます。100名までの規模の会社なら、人物比較法による評語決定が、育成という観点から最もふさわしいものと考えます。
　「評価の公平性を高めるために評語決定を明確に点数化できるようにしたい」というニーズも現場ではよく聞かれます。しかし、厳格な点数化の弊害を多数見てきた私は、わざわざ点数化に持ち込むことをよしとしません。

column

### 代表的日本人・上杉鷹山の教え

　私のふるさと山形県の名藩主・上杉鷹山公。思想家・内村鑑三の名著『代表的日本人』で、日本を代表する5人として、西郷隆盛、二宮尊徳、中江藤樹、日蓮とともに、その名を記された人物。困窮した藩財政を再建した大名としても知られています。
　上杉鷹山は、**「藩主は藩民との間に紙を挟むな」**と教え示したといいます。紙とは規則・ルールの意。つまり「藩主と藩民の間に絆をつくり深めていくにあたり、紙は弊害になる。藩主は紙をみて統治するようになり、藩民をみなくなり、藩民は藩主を思わず、紙を見て権利を主張するようになる」と。

　これは評価も同じです。評語の点数化をルールにすると、評価結果の肌感覚との乖離が生じ、また、総額昇給予算等の兼ね合いなどの事情もあり、最終評語を恣意的に調整してしまう、あるいはせざるを得ないケースが出てきます。評価される当事者（社員）が置き去りになってしまうのです。
　当然、フィードバック面談における評価結果の示達は、気迫が感じられない生ぬるいものになります。心しましょう。

## サイコロ評価で「らしさ」を表現する会社も

　アニメーション制作のＪ社では、昇給額について、個人間差は大きく設けず、小さな差を設定し、しかも、その昇給額決定を、サイコロを振って実施するため、「サイコロ評価」と呼んでいます。

　一見、ものすごく乱暴なやり方だと思われるかもしれませんが、**「人が人をきちんと評価できる」ということに対するアンチテーゼ**でもあり、また、同社ならではのユニークさと「らしさ」を表現するために、遊び心のある昇給システムを導入したものです。

　人事評価制度の適切な仕組みや導入法について述べている本書において、Ｊ社の評価方法を全面的に称賛するわけにはいきませんが、その哲学には私も共感するものがあります。

　いっそのこと、全員一律の昇給率にしてもいいのでしょうが（138ページ③全員一律昇給方式）、それをＪ社は「らしさ」で遊んだというわけです。

第 **6** 章

ポジションチェンジシステム
をつくる

# ポジションチェンジ
# ①Stage（タテ軸1）

## 獲得した職務遂行能力は下がることを想定しない

　昇格・降格について、Lポジションマトリクス人財育成制度では「ポジションチェンジ」という言葉を用います。

　従来の職能等級資格制度では、「降格」は非常にネガティブに受けとめられがちで、その印象を払拭したいという思いから、あえて**ポジションチェンジ**と呼ぶようにしています。

　ライフステージの変更によりポジションを下に変更することも選択できる制度であり、いわゆる「降格」について、「自分自身も周囲も肯定的に受け入れられる職場ができてほしい」という願いが込められているのです。

　これらについて、3つの判断軸ごとに解説していきます。

　Stageは、獲得した職務遂行能力を評価し格付けした結果です。

　そのため、**一度獲得したStageが下がることは想定していません。**上に上がっていく一方です。

　なお、職種ごとにStage基準を設けている会社において、ジョブローテーションによる職種変更があった場合は、複数のStageが一人の社員に付与されることになります。

　**複数のStageがある社員の場合は、付与されているなかで最も高いランクをその人のStageとします。**

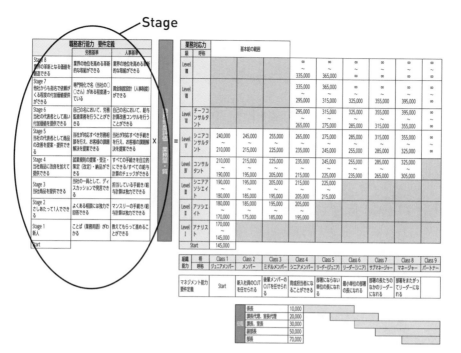

Stage

| 職務遂行能力 要件定義 | | |
|---|---|---|
| | 労務基準 | 人事基準 |
| Stage 8 業界の革新となる価値を創造できる | 業界の地位を高める革新的な取組ができる | 業界の地位を高める革新的な取組ができる |
| Stage 7 他社からも指名で依頼がくる程度の付加価値提供ができる | 専門特化で名（当社の○○さん）がある程度通っている | 賃金制度設計（人事制度）ができる |
| Stage 6 当社の代表者として高い付加価値を提供できる | 自己名において、労務監査業務を行うことができる | 自己の名において、給与計算改善コンサルを行うことができる |
| Stage 5 当社の代表者として商品の改善を提案・提供できる | 当社が対応すべき労務顧客を行え、お客様の課題解決を提案できる | 当社が対応すべき手続きを行え、お客様の課題解決を提案できる |
| Stage 4 当社商品に改良を加えて提供できる | 就業規則の提案・受注・策定（改定）・納品ができる | すべての手続きを自立的にできる/すべての給与計算のチェックができる |
| Stage 3 当社商品を提供できる | 当社の一員として、ディスカッションで発言できる | 担当している手続き/給与計算は独力でできる |
| Stage 2 さしあたって1人でできる | よくある相談には独力で回答できる | マンスリーの手続き/給与計算は独力でできる |
| Stage 1 新人 | ことば（業務用語）がわかる | 教えてもらって進めることができる |
| Start | | |

（業務遂行価値＝業務理解・質）

| 業務対応力 | | 基本給の範囲 | | | | | | | |
|---|---|---|---|---|---|---|---|---|---|
| 等級 | 呼称 | | | | | | | | |
| Level Ⅷ | | ∞ ~ 335,000 | ∞ ~ 365,000 | ∞ ~ | ∞ ~ | ∞ ~ | ∞ ~ | ∞ ~ | ∞ |
| Level Ⅶ | | 335,000 ~ 295,000 | 365,000 ~ 315,000 | ∞ ~ 325,000 | ∞ ~ 355,000 | ∞ ~ 395,000 | ∞ ~ | ∞ ~ | ∞ |
| Level Ⅵ | チーフコンサルタント | | 295,000 ~ 265,000 | 315,000 ~ 275,000 | 325,000 ~ 285,000 | 355,000 ~ 315,000 | 395,000 ~ 355,000 | ∞ | ∞ |
| Level Ⅴ | シニアコンサルタント | 240,000 ~ 210,000 | 245,000 ~ 215,000 | 255,000 ~ 225,000 | 265,000 ~ 235,000 | 275,000 ~ 245,000 | 285,000 ~ 255,000 | 315,000 ~ 285,000 | 355,000 ~ 325,000 | ∞ |
| Level Ⅳ | コンサルタント | 210,000 ~ 190,000 | 215,000 ~ 195,000 | 225,000 ~ 205,000 | 235,000 ~ 215,000 | 245,000 ~ 225,000 | 255,000 ~ 235,000 | 285,000 ~ 265,000 | 325,000 ~ 305,000 | |
| Level Ⅲ | シニアアソシエイト | 190,000 ~ 180,000 | 195,000 ~ 185,000 | 205,000 ~ 195,000 | 215,000 ~ 205,000 | 225,000 ~ 215,000 | | | | |
| Level Ⅱ | アソシエイト | 180,000 ~ 170,000 | 185,000 ~ 175,000 | 195,000 ~ 185,000 | 205,000 ~ 195,000 | | | | | |
| Level Ⅰ | アナリスト | 170,000 ~ 145,000 | | | | | | | | |
| Start | | 145,000 | | | | | | | | |

| 組織能力 | 格 呼称 | Class 1 ジュニアメンバー | Class 2 メンバー | Class 3 ミドルメンバー | Class 4 シニアメンバー | Class 5 リーダー(ジュニア) | Class 6 リーダー(シニア) | Class 7 サブマネージャー | Class 8 マネージャー | Class 9 パートナー |
|---|---|---|---|---|---|---|---|---|---|---|
| マネジメント能力 要件定義 | | Start | 新入社員のOJTを任せられる | 後輩メンバーのOJTを任せられる | 育成担当者になることができる | 部署にならない単位の長になれる | 最小単位の部署の長になれる | 部署の長たちのなかのリーダーになれる | 部署をまとめてリーダーになれる | |

| 役職 | 係長 | 10,000 |
|---|---|---|
| | 課長代理、室長代理 | 20,000 |
| | 課長、室長 | 30,000 |
| | 副部長 | 50,000 |
| | 部長 | 70,000 |

## Stageの例

| | |
|---|---|
| **Stage 9** | 業界の革新となる価値を創造できる |
| **Stage 8** | 他社からも指名で依頼がくる程度の付加価値提供ができる |
| **Stage 7** | ○○社として高い付加価値を提供できる |
| **Stage 6** | 提供先の「課題」の本質を見出し、解決策を提案・提供できる |
| **Stage 5** | 経営理念に基づき、プロとして工夫・改良を加えて業務提供し、提供先の依頼に応えることができる |
| **Stage 4** | ○○社の社員として十分な業務提供をし、提供先の依頼に応えることができる |
| **Stage 3** | 1人でできる |
| **Stage 2** | さしあたって1人でできる |
| **Stage 1** | 1人でできるように（初めて業務を行う人向け） |

# ポジションチェンジ
# ②Level（タテ軸2）

## Levelはアウトプット等によって上にも下にも変動する

Levelは原則、前述したStageと同じ水準で決定されるべきものですが、業務の量と質＝アウトプットが卓越している場合には、Stageが上がるのを待たずにLevelを引き上げることができます。

また、「新たな事業年度中に、業務上の大きなプロジェクトチャレンジを控えている」などの事情がある場合は、人事政策として能力評価より一段上のLevelに置くという経営決定もできます。

逆にアウトプットがイマイチである場合や、人事政策としてClassの新たな役割に注力してほしいというメッセージを届ける際などには、下方決定することができます。

Stageとは異なり、Levelを下げることとなる事情には次のようないくつかのシーンが想定されます。

- フィジカル・メンタル面での不調を抱えていた
- 業務量に対して過度の時間外労働が発生していた
- 勤務態度にマイナス点がついた
- Classの役割に注力してもらいたい
- 時間外労働時間を抑制しなければならない属人的理由による事情が発生している
- 獲得Stageと、現在就いている職種におけるStageが異なる

| 職務遂行能力　要件定義 | | |
|---|---|---|
| | 労務基準 | 人事基準 |
| Stage 8 業界の革新となる価値を創造できる | 業界の地位を高める革新的な取組ができる | 業界の地位を高める革新的な取組ができる |
| Stage 7 他社からも指名で依頼がくる程度の付加価値提供ができる | 専門特化でき〈当社の○○さん〉がある程度通っている | 賃金制設計〈人事制度〉ができる |
| Stage 6 当社の代表者として高い付加価値を提供できる | 自己の名において、労務監査業務を行うことができる | 自己の名において、給与計算改善コンサルを行うことができる |
| Stage 5 当社の代表者として商品の改善を提案・提供できる | 当社が対応すべき労務相談を行え、お客様の課題解決を提案できる | 当社が対応すべき手続きを行え、お客様の課題解決を提案できる |
| Stage 4 当社商品に改善を加えて提供できる | 就業規則の提案・受注・策定〈改定〉・納品ができる | すべての手続きを自力にできる/すべての給与計算のチェックができる |
| Stage 3 当社商品を提供できる | 当社の一員として、ディスカッションで発言できる | 担当している手続き/給与計算は独力でできる |
| Stage 2 さしあたって1人でできる | よくある相談には独力で回答できる | マンスリーの手続き/給与計算は独力でできる |
| Stage 1 新人 | ことば〈業務用語〉がわかる | 教えてもらって進めることができる |
| Start | | |

勤務態度評価 × 業務量・質

| 業務対応力 | | 基本給の範囲 | | | | | | | | |
|---|---|---|---|---|---|---|---|---|---|---|
| 級 | 呼称 | | | | | | | | | |
| Level Ⅷ | | | | | | ∞ ~ 335,000 | ∞ ~ 365,000 | ∞ ~ ∞ | ∞ ~ ∞ | ∞ ~ ∞ |
| Level Ⅶ | | | | | | 335,000 ~ 295,000 | 365,000 ~ 315,000 | ∞ ~ 325,000 | ∞ ~ 355,000 | ∞ ~ 395,000 |
| Level Ⅵ | チーフコンサルタント | | | | | 295,000 ~ 265,000 | 315,000 ~ 275,000 | 325,000 ~ 285,000 | 355,000 ~ 315,000 | 395,000 ~ 355,000 |
| Level Ⅴ | シニアコンサルタント | 240,000 ~ 210,000 | 245,000 ~ 215,000 | 255,000 ~ 225,000 | 265,000 ~ 235,000 | 275,000 ~ 245,000 | 285,000 ~ 255,000 | 315,000 ~ 285,000 | 355,000 ~ 325,000 | ∞ ~ ∞ |
| Level Ⅳ | コンサルタント | 210,000 ~ 190,000 | 215,000 ~ 195,000 | 225,000 ~ 205,000 | 235,000 ~ 215,000 | 245,000 ~ 225,000 | 255,000 ~ 235,000 | 285,000 ~ 265,000 | 325,000 ~ 305,000 | |
| Level Ⅲ | シニアアソシエイト | 190,000 ~ 180,000 | 195,000 ~ 185,000 | 205,000 ~ 195,000 | 215,000 ~ 205,000 | 225,000 ~ 215,000 | | | | |
| Level Ⅱ | アソシエイト | 180,000 ~ 170,000 | 185,000 ~ 175,000 | 195,000 ~ 185,000 | 205,000 ~ 195,000 | | | | | |
| Level Ⅰ | アナリスト | 170,000 ~ 145,000 | | | | | | | | |
| Start | | 145,000 | | | | | | | | |

| 組織能力 | 格 呼称 | Class 1 ジュニアメンバー | Class 2 メンバー | Class 3 ミドルメンバー | Class 4 シニアメンバー | Class 5 リーダー〈ジュニア〉 | Class 6 リーダー〈シニア〉 | Class 7 サブマネージャー | Class 8 マネージャー | Class 9 パートナー |
|---|---|---|---|---|---|---|---|---|---|---|
| マネジメント能力 要件定義 | | Start | 新入社員のOJTを任せられる | 後輩メンバーのOJTを任せられる | 育成担当になることができる | 部署〈一組織単位〉の長になれる | 最小単位の部署の長になれる | 部署の長たちのなかのリーダーになれる | 部署をまたがってリーダーになれる |

| 役職 | | |
|---|---|---|
| 係長 | 10,000 | |
| 課長代理、室長代理 | 20,000 | |
| 課長、室長 | 30,000 | |
| 副部長 | 50,000 | |
| 部長 | 70,000 | |

　なお、勤務態度が卓越していたことを受けてStageよりもLevelを引き上げることはお勧めしません。勤務態度は「当たり前のこと」だからです。これができていなければマイナス評価になりますが、できていてもプラス評価にはならないものであるはずです。

| Levelの例 | |
|---|---|
| Level 6 | チーフコンサルタント |
| Level 5 | シニアコンサルタント |
| Level 4 | コンサルタント |
| Level 3 | シニアアソシエイト |
| Level 2 | アソシエイト |
| Level 1 | アナリスト |
| Level 0 | 新人 |

# Level設定パターン

| | | 【パターン1】 Stageのほうが Levelより上である |
|---|---|---|
| **Stage** | | 1-① Stageだけを引き上げた<br>□**能力の高まりを評価し、Stageアップしたもの**<br>⇒十分な発揮をまってLevelアップを目指してほしい旨をメッセージしてください |
| | **Level** | |
| | | 1-② Levelだけを引き下げた<br>□**何らかの事情によりアウトプットに制限がかかったもの（家庭・体調等）**<br>⇒安全配慮義務を全うするためにも、負担軽減措置として有効 |
| | | 1-③ Levelだけを引き下げた<br>□**勤務態度に問題があるもの（遅刻・欠勤が多い、社内の手続きを適正に実施しない等）**<br>⇒能力は適正に評価していること、Levelアップを獲得するためのキーをメッセージしてください |
| | | 1-④ Levelだけを引き下げた<br>□**アウトプットに課題があるもの＝残業時間が担っている業務量と比較して長すぎる等**<br>⇒課題について具体的に伝え、改善に向けて伴走をしてください |
| | | 1-⑤ Levelだけを引き下げた<br>□**Classアップが伴ったため、調整をした**<br>⇒今期はClassアップに伴う役割に重点をおいて取り組んでほしい旨をメッセージしてください |
| | | 1-⑥ Levelだけを引き下げた<br>□**本人の事情により、部署異動し、新たな部署におけるStageが低いものである**<br>⇒すでに獲得しているStageによりStage決定されていることと、新部署でのStageを伝えてください |
| | | 1-⑦ Levelだけを引き下げた<br>□**会社側の事情により、部署異動し、新たな部署におけるStageが低いものである**<br>⇒部署異動を求めた背景を説明し、社員からの納得が得られるようメッセージしてください |

| 【パターン2】 StageとLevelが同一である | | |
|---|---|---|
| Stage | Level | 2　これが一般的なものであるが、同一とならないこともあり得る旨をメッセージしてください<br>2　次は、Levelアップを目指したいか、Stageアップを目指したいか、本人の意向をヒアリングしてください<br>2　上司からの期待につき、Levelアップか、Stageアップか、また、それは1年で達成することか、3年スパンで取り組むべきテーマかを対話してください<br>⇒対話を通じて、本制度の理解を深めていきましょう |

| 【パターン3】 LevelのほうがStageより上である | | |
|---|---|---|
| | Level | 3-①　Levelだけを引き上げた<br>□アウトプット（量と質）を評価し、Levelアップしたもの<br>⇒Stageアップにも期待している旨・何を達成すればStageアップにつながるかをメッセージしてください |
| Stage | | 3-②　Levelだけを引き上げた<br>□人事政策として（期中のStageアップへの投資として行うなど）<br>⇒期中にStageアップを達成してほしい旨をメッセージしてください |
| | | 3-③　Levelだけを引き上げた<br>□賃金維持のため（新制度移行時の賃金確保のため）<br>⇒あまりお勧めはしませんが、実施する例もあります<br>⇒Stageアップを達成してほしい旨をメッセージしてください |

# ポジションチェンジ ③Class（ヨコ軸）

## Classはポストに応じて変動する

Class評価は、「組織をどれだけ任せられる人財か」という尺度で評価し、決定するものです。

タテ方向は「どれだけ担当業務を任せられるか」、ヨコ方向は「どれだけ組織経営を任せられるか」です。

組織経営の責任者の数＝ポストは、組織の編成により変わってくることが想定されます。社長は会社が1つなら、複数名は要りませんね。同じように部長や課長の数＝ポストも、組織再編により必要とされる数は増減するものです。

そこでClassは、**一定の役職者以上は、組織再編によるポストの数と連動して、右へ変動したり、左へ変動したりすることを想定します。**

### Classの例

| 組織能力 | 格 | Class 1 | Class 2 | Class 3 | Class 4 |
|---|---|---|---|---|---|
| | 呼称 | ジュニアメンバー | メンバー | ミドルメンバー | シニアメンバー |
| マネジメント能力要件定義 | | Start | 新入社員のOJTを任せられる | 後輩メンバーのOJTを任せられる | 育成担当者になることができる |

## 職務遂行能力 要件定義

| | 労務基準 | 人事基準 |
|---|---|---|
| Stage 8 業界の革新となる価値を創造できる | 業界の地位を高める革新的な取組ができる | 業界の地位を高める革新的な取組ができる |
| Stage 7 他社からも指名で依頼がくる程度の付加価値提供ができる | 専門特化で名（当社の○○さん）がある程度立っている | 賃金制度設計（人事制度）ができる |
| Stage 6 当社の代表者として高い付加価値を提供できる | 自己の名において、労務監査業務を行うことができる | 自己の名において、給与計算改善コンサルを行うことができる |
| Stage 5 当社の代表者として商品の改善を提案・提供できる | 当社が対応すべき労務相談を行え、お客様の課題解決を提案できる | 当社が対応すべき手続きを行え、お客様の課題解決を提案できる |
| Stage 4 当社商品に改善を加えて提供できる | 就業規則の提案・受注・策定（改定）・納品ができる | すべての手続きを自立的にできる／すべての給与計算のチェックができる |
| Stage 3 当社商品を提供できる | 当社の一員として、ディスカッションで発言できる | 担当している手続き/給与計算は独力でできる |
| Stage 2 さしあたって1人でできる | よくある相談には独力で回答できる | マンスリーの手続き/給与計算は独力でできる |
| Stage 1 新人 | ことば（業務用語）がわかる | 教えてもらって進めることができる |
| Start | | |

職務遂行能力 × 勤務態度評価（業務量・質）= 業務対応力

## 業務対応力

| 級 | 呼称 | 基本給の範囲 | | | | | | | | |
|---|---|---|---|---|---|---|---|---|---|---|
| Level Ⅷ | | 335,000~∞ | 365,000~∞ | ∞ | ∞ | ∞ | ∞ | ∞ | | |
| Level Ⅶ | | 295,000~335,000 | 315,000~365,000 | 325,000 | 355,000 | 395,000 | ∞ | ∞ | | |
| Level Ⅵ | チーフコンサルタント | 265,000~295,000 | 275,000~315,000 | 285,000~325,000 | 315,000~355,000 | 355,000~395,000 | | | | |
| Level Ⅴ | シニアコンサルタント | 210,000~240,000 | 215,000~245,000 | 225,000~255,000 | 235,000~265,000 | 245,000~275,000 | 255,000~285,000 | 285,000~315,000 | 325,000~355,000 | |
| Level Ⅳ | コンサルタント | 190,000~210,000 | 195,000~215,000 | 205,000~225,000 | 215,000~235,000 | 225,000~245,000 | 235,000~255,000 | 265,000~285,000 | 305,000~325,000 | |
| Level Ⅲ | シニアアソシエイト | 180,000~190,000 | 185,000~195,000 | 195,000~205,000 | 205,000~215,000 | 215,000~225,000 | | | | |
| Level Ⅱ | アソシエイト | 170,000~180,000 | 175,000~185,000 | 185,000~195,000 | 195,000~205,000 | | | | | |
| Level Ⅰ | アナリスト | 145,000~170,000 | | | | | | | | |
| Start | | 145,000 | | | | | | | | |

| 組織能力 格 | Class 1 | Class 2 | Class 3 | Class 4 | Class 5 | Class 6 | Class 7 | Class 8 | Class 9 |
|---|---|---|---|---|---|---|---|---|---|
| 呼称 | ジュニアメンバー | メンバー | ミドルメンバー | シニアメンバー | リーダー（ジュニア） | リーダー（シニア） | サブマネージャー | マネージャー | パートナー |
| マネジメント能力 要件定義 | Start | 新入社員のOJTを任せられる | 後輩メンバーのOJTを任せられる | 育成担当者になることができる | 部署にならない単位の長になれる | 最小単位の部署の長になれる | 部署の長たちのなかのリーダーになれる | 部署をまたがってリーダーになれる | |

Class

| 役職 | |
|---|---|
| 係長 | 10,000 |
| 課長代理、室長代理 | 20,000 |
| 課長、室長 | 30,000 |
| 副部長 | 50,000 |
| 部長 | 70,000 |

## column

### パートから正社員へ ／ 正社員から再雇用社員へ

　職務遂行能力に変動がなくても、雇用区分が変わることで組織内で担う責任や役割が変わることがあり得ます。正社員からパート社員へ雇用区分が変更されたり、定年後再雇用されたりした場合が典型例です。再雇用された社員の場合、Stage と Level は変わらないまま、Class は1まで下りてきてもらう、といった制度設計をすることができます。

| Class 5 | Class 6 | Class 7 | Class 8 | Class 9 |
|---|---|---|---|---|
| リーダー（ジュニア） | リーダー（シニア） | サブマネージャー | マネージャー | パートナー |
| 部署にならない単位の長になれる | 最小単位の部署の長になれる | 部署の長たちのなかのリーダーになれる | 部署をまたがってリーダーになれる | |

# 「降格」を行うことは
# できるのか

## 対話と合意形成により降格を成功させる

　マトリクス人財育成制度では、LevelとClassの二軸で、いわゆる「降格」の実施を可能とする制度設計思想にたっています。

　**しかし、「制度設計思想が『降格』を許すものだから、ただちに『降格』を実施できるのか」**というと、コトはそんなに簡単ではないのです。

　我が身のこととして考えてみれば、役割が以前に比べて軽くなったからといって、人事異動により自動的に年収が下方修正されてしまうのでは、働き続けるモチベーションを維持するのは難しいことです（少なくとも、私なら萎えます）。

　いわゆる「降格」（それに伴う降給）となる人事を行う場合は、入念に本人と話し合ったうえで実施しましょう。

　なお、同一労働同一賃金を含む働き方改革関連法の法改正を踏まえた法的観点からも、このことを入念に観察した良書『多様化する労働契約における人事評価の法律実務』（編著者：第一東京弁護士会労働法制委員会・発行：労働開発研究会）においても、制度上降格が認められていたとしても、現在の日本の環境において本人との綿密な話し合いを経た合意形成をなさずに行った降格や降給は、裁判においても認められづらいことが指摘されています。

第 **7** 章

年間スケジュールをつくる

New Standards for Personnel Evaluation

# 制度はよくても 運用でつまずくケースとは

## 運用し続ける観点が抜け落ちている制度はとん挫する

　ある会社の社長から人事評価制度の相談を受けたときのことです。

　地域のリーダーとして次々と新事業を展開していく魅力ある若い経営者で、人事評価制度もチームのビジョンをしっかり表現し、綿密につくり込まれていました。

　「素晴らしいキャリアパスと評価の仕組みですね」と素直に称賛したのですが、「それが、うまく機能していなくて」と暗い顔です。

　よくよく話をうかがうと、制度内容は緻密なものの、これを運用していくスケジュールを定めることがすっぽり抜け落ちていました。

　　**安中**：昇給昇格は、いつするのですか？
　　**社長**：4月ですね。
　　**安中**：では、評価期間は、いつからいつまでですか？
　　**社長**：3月決算なので、3月ですね。
　　**安中**：評価面談を実施するのは、いつ？
　　**社長**：お！　それは考えてなかったな……。4月かな？
　　**安中**：一次評価者は、どなたですか？
　　**社長**：えーーっと。
　　**安中**：最終評価決定と昇格審査・決定は、いつしますか？
　　**社長**：えーーーっと。

　といった具合です。

　実は、このように新たな人事評価制度を社内リリースしたのはいい

のですが、運用に関するスケジュールをイメージできておらず、**面談や評語決定、上司から部下へのフィードバックなどの時間の確保がままならず、制度運用がとん挫するケース**をよくお見かけします。

　運用し続けることを見据えて、「いつ・何をするか」という具体的な行動を設定することが、とても重要になります。

　上司側は、その期間の予定を最優先に確保しておく必要があります。**ここまでのページで「対話が大事」とお伝えしていますが、上司が部下とかかわる時間は勤務時間です。**
　複数人の部下を見つつ自分自身も目標設定し、上司とかかわっていく立場にある中間層にとっては、この時間を確保することが苦痛となりがちでもあります。
　苦痛だと思いながらかかわっていると、部下はそれを察知し、よい効果が得にくくなります。

　面談に関与する面談者たる社員が、この営みを好意的に活用できるよう、**マネジメントにかける時間と、プレーヤーとしての時間のバランスを保っていけるように、年間スケジュールを組み立てる際も工夫できるところはしておく**ようにしましょう。

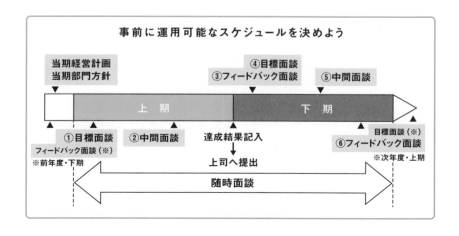

# 年間スケジュールの組み方

## お勧めは事業年度単位を優先させるパターン

　年間スケジュールの設定のしかたには、いくつかのパターンがあります。ここでは4つ紹介します。

### ① 評価対象期間を優先させて決めるパターン

　7月と12月にボーナスの支給があるので、逆算して評価対象期間は1月～6月の上半期と7月～12月の下半期に設定する等。

### ② 事業年度単位を優先させるパターン

　3月決算なので、これに合わせて4月～9月の上半期と10月から翌年3月までの下半期に設定する等。**目標管理という側面からも、お勧めはこの設定のしかたです。**

### ③ 面談の時期を優先させて決めるパターン

（例：繁忙ではない時期・退職ムードが高まっていない時期）

　本筋ではないと思うのですが、このようなニーズも現場では一定数存在します。

　年間を通じて業務に繁閑差があるような会社の場合、繁忙期に面談が重ならないよう、閑散期に設定しておきたいため、面談の時期から逆算して年間スケジュールを組みます。

　これまた本筋ではないのですが、「燃え尽きている時期の〇月あたりにオフィシャルな個別面談でもしようものなら、退職の申出が続出しそう」といって、そこを避けるようにスケジュールを決定した会社

もあります。

　面談の時期の設定が、課題解決の本質的な策ではないと知りつつも、背に腹は代えられないのであれば、致し方ないのでしょう。

④ 昇給の時期から逆算して決めるパターン

　例えば、「うちは毎年6月から昇給だから、5月には昇給額やポジションを決定していたい。決定のためにミーティングをするのが4月中。すると4月上旬には本人と上司との振返り面談は終わっていないといけない。3月末には自己評価を提出してもらう……と考えると、評価期間は4月〜翌年3月という仕切りになるかな」という具合に、昇給時期から逆算して設定する方法です。

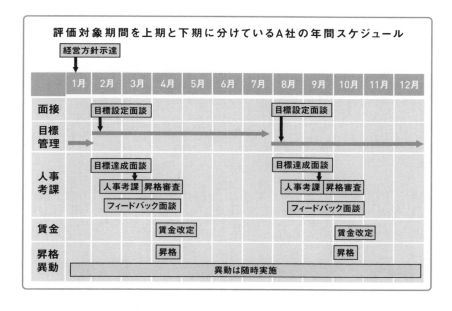

<table>
<tr><td colspan="13">評価対象期間を上期と下期に分けているA社の年間スケジュール</td></tr>
</table>

経営方針示達

| | 1月 | 2月 | 3月 | 4月 | 5月 | 6月 | 7月 | 8月 | 9月 | 10月 | 11月 | 12月 |
|---|---|---|---|---|---|---|---|---|---|---|---|---|
| 面接 | | 目標設定面談 | | | | | | 目標設定面談 | | | | |
| 目標管理 | | | | | | | | | | | | |
| 人事考課 | | 目標達成面談 | | | | | | 目標達成面談 | | | | |
| | | | 人事考課 昇格審査 | | | | | | 人事考課 昇格審査 | | | |
| | | | フィードバック面談 | | | | | | フィードバック面談 | | | |
| 賃金 | | | | 賃金改定 | | | | | | 賃金改定 | | |
| 昇格異動 | | | | 昇格 | | | | | | 昇格 | | |
| | 異動は随時実施 | | | | | | | | | | | |

# いつ・どんな面談を
# 実施するかを決める

## 効果を高める面談を設定しよう

　実際に制度を運用していくにあたり、いつ・どんな面談をするのか
を決めておきましょう。以下、面談の例を挙げておきます。

---

**面談の例**

①**目標設定面談**……未来をプランする

②**目標達成面談**……1年を振り返る（自己評価をヒアリングする＋上司の見
え方のすり合わせ）

③**フィードバック面談**……評価決定の伝達（昇給・降給・昇格＝ポジショ
ンチェンジ）

④**中間面談**……目標の進捗を確認し、未来にドライブをかけていく

---

　こうした面談は、フィードバックする上司と受ける部下、双方にと
って事前準備（伝えたり聞き入れたりする「心の準備」も含めます）が重要
になります（165ページColumn参照）。「いつ行うか」を、あらかじめ通
知するようにしましょう。

　また、面談の時間としては、私の経験からいうと、**1人30分程度
が望ましい**と感じます。

　面談に関する会社の取組みを見ていると、②目標達成面談と③フィ
ードバック面談を同時に実施することとしているケースも多いようで
す。あるいは、③フィードバック面談は実施せず、「最終評価結果は、
給与辞令や給与明細を見て本人が知ることとなる」という例もよく聞

きます。

　しかしながら、いずれのパターンも私は賛成できません。

　目標達成面談は、本人の意識をヒアリングするためのものですが、その場で評価結果を聞くこととなれば、本人は「何だ、自分の言い分があろうがなかろうが、会社が決定してきた評価で確定ではないか」とゲンナリします。

　また、フィードバックが通知でなされてしまうようだと、せっかくの年間の営みの最後が引き締まりません。

　日程的に確保するのが難しいようなら、次年度の目標設定面談の冒頭10分程度をフィードバック面談と位置づけ、対面で最終評価結果、新ポジションと昇給額を伝えるようにしてはいかがでしょうか。

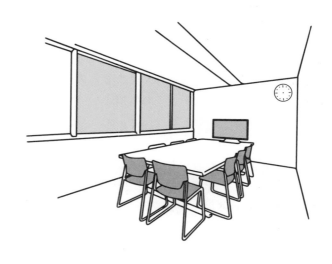

# 評価者を決める

評価者は**一次評価者・二次評価者・最終評価機関の3種類**で設定しましょう。以下、評価者の例を挙げておきます。

①**目標設定面談**……直上司＋その上司（係長＋課長）
②**目標達成面談**……直上司＋その上司（係長＋課長）
③**フィードバック面談**……直上司の上司（課長）
④**中間面談**……直上司（係長）
⑤**最終評価機関**……経営会議、面談　など

「今まで私（社長）が全員の評価を決めていました」
　会社の関係者の方とお話しすると、そのように振り返るケースが少なくありません。
　**評価をする役割は、なるべくたくさんの上司に担ってもらえるようにしてください。**これも、人材育成という観点から有意義な取組みになります。

　とはいえ、はじめのうちは、うまくいかないものです。
　そのため、**本来であればマンツーマン（1to1）で実施すればよい面談も、一定期間はツーマンツーマン（2to1）で実施し、評価者育成を実施していく**ことになります。

前述した例をご覧いただくとわかるように、評価面談を運営していくためには、組織をつくっていき、「上司」の立場に立てる人を輩出していくことが求められます。

　この営みを通じて、会社のことを主体的に考える側に立てる人財が育っていきます。

## 事例でみる評価者問題の対応策

　工業用部品の卸売販売を手がけるN社は、組織図はあったものの、セクションごとの責任者が不在の状態でした。

　この状態で長年経営されてきたわけですが、コンサルティングの現場で、「社長が兼任していることでも結構ですから、セクションごとの責任者がどなたなのか教えてください」とお願いしたところ、全セクションの責任者を社長が兼任していることが明らかになりました。

　「このままでは、よくない」

　その場にいたプロジェクトメンバー全員が気づいた瞬間でした。


　同社では、まずは各種面談に、今後面談者となる社員が同席することからスタートしました。

　**社長は、すべての社員の面談に「面談者」として入りました。**全国各地に営業拠点を持つ会社だったので、膨大な時間を確保してもらうことになりましたが、社長のコミットメントは強いものでした。

　面談がきちんと実施されたこと、**その面談に社長のほか上司の立場の社員が同席したこと**——、これら一連の取組みが、組織化への力強い歩みになりました。


　続いて、私の組織でのエピソードです。

　ポジションチェンジや組織改編により、新たに面談者となった上司は、昨日まで同僚だった社員の面談に上司として入ることになるわけです。

　多くの新任上司は、ともに働く仲間が、目標設定に意欲的に取り組んでいる姿を目の当たりにし、大いに刺激を受けていきます。

「○○さんが、会社の成長のために、こんなに真摯に貢献しようと目標設定していることに感銘を受けました」

　そういった感想を聞くことが多いです。

　もちろん、日々の業務も皆、真摯に取り組んでいますが、**日常業務を離れて未来志向で目標設定していくときにも、その真摯さが表れる**ことに感動するのでしょう。

　そのような感想を述べる新任上司に私は、「あなたも同じように、意欲的かつ真摯に目標設定をし、達成を重ねてきましたよね」と答えています。

　私が、新任上司に対して感銘を受けるのは、これまで自分自身の成長にフォーカスしてきた人が、立場が変わったことで、部下の成長にフォーカスする意識を持つようになり、「どうしたら○○さんの『らしさ』を発揮しながら達成を獲得できるのか」を真剣に考えてくれるようになることです。

　**人財育成制度が、上司を育てる。**

　これを自組織でも目のあたりにしてきた私は、面談の時間の重要さを、どうしても力説したいのです。

## 面談の時間の重要さ

　面談を受ける本人も、事前に自分自身が成し遂げたい達成について、しっかりと目標設定して面談にのぞむことが重要です。

　また上司も、部下の成長のために、「どんな面談の時間にしようか」とシミュレーションしておく事前準備が重要になります。

　面談期間は、面談者となる上司の時間の確保が求められます。プレイヤーでもある人が多いと思われますから、時間の確保をしっかり行わないと破綻してしまいます。

　目先の仕事を優先して面談時間を劣後させ、日程変更を部下に求めることは、よく起こることでしょう。

　しかし、それは部下に、「自分は大切にされていないのだ」という感情を潜在的に抱かせることになりかねません。

　**上司にとっては、複数いる部下のうちの、「ある1人の日程の変更」かもしれませんが、部下にとっては、1回限りの面談なのです。**

　私は、多くの会社の面談に同席する機会を重ねて、部下がいかに面談のために入念な事前準備をし、そのときを心待ちにして（あるいは緊張して）迎えようとしているのかを思い知らされることが、たびたびありました。**上司は面談の時間を「大切な時間」として丁寧に取り扱ってください。**

## New Standards for Personnel Evaluation

# 面談の具体的な スケジュールの決め方

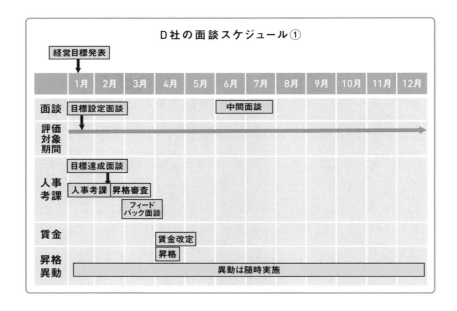

### 面談スケジュール決めを「忘れない」「流さない」

　ここでは、1月から12月を一評価対象期間としている下図のD社の
ケースを例示しながらスケジュールの決め方を見ていきます。

**D社の面談スケジュール①**

経営目標発表

| | 1月 | 2月 | 3月 | 4月 | 5月 | 6月 | 7月 | 8月 | 9月 | 10月 | 11月 | 12月 |
|---|---|---|---|---|---|---|---|---|---|---|---|---|
| 面談 | 目標設定面談 | | | | | 中間面談 | | | | | | |
| 評価対象期間 | → | | | | | | | | | | | |
| 人事考課 | 目標達成面談 / 人事考課 / 昇格審査 / フィードバック面談 | | | | | | | | | | | |
| 賃金 | | 賃金改定 / 昇格 | | | | | | | | | | |
| 昇格異動 | 異動は随時実施 | | | | | | | | | | | |

　1年を振り返り、目標の達成度合いを上司と話し合う面談を実施し
ますが、**日程は1か月前くらいに決定しておくことをお勧めします。**
　あらかじめ自身のスケジュールが確定していると、その日に向かっ
て真剣に自己の目標の達成を振り返る「内省の時間」を持つことがで

## D社の面談スケジュール②

|  | 経営 | 本人 | 上司 | 面談 | 段取り |
|---|---|---|---|---|---|
| **12月** |  | □自己評価とりまとめ<br>□面談事前準備 | □部下の評価<br>□面談事前準備 |  | □1月の目標達成面談スケジュール発表 |
| **1月** | □経営計画発表 | □自己目標設定 | □部下目標設定<br>□評価決定会議 | □目標設定面談 | □3月のフィードバック面談のスケジュール発表 |
| **2月** | □最終評価決定会議<br>□ポジション決定<br>□昇給額決定 |  |  | □目標達成面談 |  |
| **3月** | 辞令内示 |  | □フィードバック面談のための情報共有 | □フィードバック面談 |  |
| **4月** | 辞令公示・人事異動 | 異動 | 異動 | □目標設定面談（異動者） |  |

きます。急に面談の予定が入ると、準備不足で当日を迎えることになり、面談時間が実りあるものになりません。

　また、不思議な効果が期待できることも、面談の日程決定を1か月前くらいにする理由の1つです。私は「**駆け込み達成**」と呼んでいますが、目標達成面談で上司に「達成しました」と自己評価したい気持ちが働くのか、**最後の追い込みで何とか達成する社員がいる**のです。

こうした光景をみると、私はボクシングをテーマにしたスポーツ漫画、『あしたのジョー』を思い出します。

　主人公であるボクサーの矢吹丈も、永遠のライバル力石徹も、試合前日の計量のために、最後の数日間は食事制限や水抜きによる減量で過酷な日々を過ごしていました。ラストスパートで本人の真価本領が発揮されることもあります。

　**目標達成面談のほか、目標設定面談のスケジュールも定めておくことを忘れないようにしましょう。**自己の目標に対して、真剣に意識を向けて考えることができます。

# 初めて人事制度を
# 導入する際の対象期間

## 初年度はテストランで実施する

初めて人事制度を導入する場合、**初年度は、本来設定した評価対象期間の始期を待たずにスタートさせましょう。**

下図の会社は10月から制度をスタートさせました。評価対象期間の始期は1月ですが、短期間でも対象期間を12月末で閉じるようにします。

**1年間の対象期間を確保できるタイミングまで待つ必要はありません**。初年度はテストランで実施すると位置づけて、助走させていくほうが、すみやかに社内に制度が浸透する効果が期待できます。

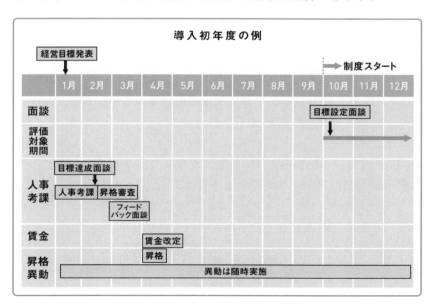

**導入初年度の例**

経営目標発表

制度スタート

| | 1月 | 2月 | 3月 | 4月 | 5月 | 6月 | 7月 | 8月 | 9月 | 10月 | 11月 | 12月 |
|---|---|---|---|---|---|---|---|---|---|---|---|---|
| 面談 | | | | | | | | | | 目標設定面談 | | |
| 評価対象期間 | | | | | | | | | | | | |
| 人事考課 | 目標達成面談 / 人事考課 / 昇格審査 / フィードバック面談 | | | | | | | | | | | |
| 賃金 | | | 賃金改定 | | | | | | | | | |
| 昇格異動 | 昇格 / 異動は随時実施 | | | | | | | | | | | |

# フィードバック面談を
# するときのポイント

## 「辞令」の交付は効果あり

　社員（部下）とのフィードバック面談を実施するときは、新たな年度のポジション、そして期待していることを伝えるために、**辞令の交付を怠らずに実施しましょう。**

　さまざまな会社の取組みを見聞きすると、「給与明細の備考欄に記載することで新年度のポジションや昇給額について示達する」という例も聞きますが、新しい制度への理解度が浅いうちは、機会を捉えて語り合う場を設けておくことが重要になります。

　参考資料として、次ページに「辞令」のフォーマットを掲載したので、参考にしてください。

　また、**人事評価の運用自体が初めてという会社では、より具体的に、「いつ・誰が・どんなことを実施する必要があるのか」をガイドする資料を準備しておくとスムーズです。**

　172、173ページの図は、私の会社の年間ガイドです。毎年度、前年度の運用を踏まえて改善点を加えています。

　こういったガイドがないと、「あれ、今月面談だっけ？　もう海外出張の予定を入れちゃって、スケジュールが取れないよ！」といったように、面談の予定が流れ流れて、最終的に制度が形骸化していく道をたどることになりかねません。それを防ぐために、期首に年間ガイドを社員に配付しています。

# 辞令のフォーマット例

## 辞　　令

**新しい所属**

|  |
|---|

← **これまでの所属**

|  |
|---|

**新しい役職**

|  |
|---|

← **これまでの役職**

|  |
|---|

**新しいLポジション**

| Stage |  |
|---|---|
| Level |  |
| Class |  |

← **これまでのLポジション**

| Stage |  |
|---|---|
| Level |  |
| Class |  |

**新しい賃金（月額）**

| 基本給 |  |
|---|---|
| 資格手当 |  |
| 役職手当 |  |
| 合計 |  |

| 《時間単価》<br>割増基礎単価 |
|---|

← **これまでの賃金（月額）**

| 基本給 |  |
|---|---|
| 資格手当 |  |
| 役職手当 |  |
| 合計 |  |

※通勤手当は別途支給

# 年間ガイドの例

| 変更点 | ・中長期経営計画で示した5年後の姿に向かっていくためにJOBリスト/育成シート（以下、育成シート）を運用していきます。それに合わせて、面談は部門ごとに行います。<br>・JOBリスト/育成シートは、「人材育成」のために活用するものです。<br>・JOBリスト/育成シートは、「能力」を向上させていく各自の取組みを支援するためのもので、上司は、その取組みをフォローしていきます。Stageのアップは能力の向上によりますので、JOBリスト/育成シートの取組み結果によってStageが決まります。 |
|---|---|

## 期首面談前（4月）

・育成シートに今期の部門目標とそれに対する個人目標を入力してください。
・JOBリストより、自身が第8期の上半期を通じてテーマとしたい項目を3つ選び、育成シートの【自己目標】欄の「主要な具体的仕事」に入力し、それぞれの「達成基準」、「現状のレベル感」、「目標のレベル感」、「難易度」、「目標達成までのアクションプラン」を入力してください。（レベル感、難易度はJOBリストの記載を参考にしてください。）
　※JOBリストに記載されている項目以外をテーマとしたい場合は、JOBNOに「その他」と記入のうえ、それぞれの達成基準、アクションプランを入力してください。

| 上司 | ・上司として目標とさせたい項目2つを、面談までにピックアップしておいてください。 |
|---|---|

## 期首面談（4月）

・今期の部門目標に対する個人目標を示します。
・育成シートについて、【自己目標】を示します。
・上司がピックアップした目標を【上司からの目標】欄に入力してください。
・合計5つの項目が重点として取り組む課題となります（その他の項目を取り組まなくてよいという意味ではありません）。
・5つの項目の、達成基準、レベル感、難易度、アクションプランについてディスカッションし、最終確定した内容を変更入力してください。

| 上司 | ・本人が設定した内容であっても、取組み方とその進捗を考慮し、適切な達成基準とアクションプランを設定してください。 |
|---|---|

## 期首面談終了後（4月）

・必要事項の入力が完了した育成シートを指定の方法で所属課長に送付してください。

| 上司 | ・送付された育成シートを確認のうえ、そだてる室に送付してください。 |
|---|---|

## 上半期終了時面談前（9月）

・育成シートの【達成状況】欄の「上半期達成結果」、「課題・反省」に自己目標、上司目標における総括をそれぞれ入力してください。

## 上半期終了時面談（9月）

・期首に設定した5つの取組み状況を報告し、下半期に向けての取組みをディスカッションしてください。
・育成シートの【達成状況】欄の「下半期に向けての取組み」に入力してください。

| 上司 | ・上半期達成結果を受けて下半期に向け、適切な取組みを設定してください。 |
|---|---|

## 上半期終了時面談終了後（9月）

・必要事項の入力が完了した育成シートを指定の方法で所属課長に送付してください。

| 上司 | ・送付された育成シートを確認のうえ、「上司より」にコメントを入力し、本人・そだてる室に送付してください。 |
|---|---|

- 育成シートをシートに追加してください。
- 育成シートの「スペシャリスト宣言」は上半期同様の内容を入力してください。
- 育成シートの「個人目標」に下半期の個人目標を入力してください。
（上半期の目標が達成できなかった場合は、上半期終了時面談の内容を踏まえて目標を設定してください）
- JOBリストより、自己目標が３つとなるよう、自身が下半期を通じてテーマとしたい項目を選び、育成シートの【自己目標】欄の「主要な具体的仕事」に入力し、それぞれの「達成基準」、「現状のレベル感」、「目標のレベル感」、「難易度」、「目標達成までのアクションプラン」を入力してください。（レベル感、難易度はJOBリストの記載を参考にしてください）
　※JOBリストに記載されている項目以外をテーマとしたい場合は、JOBNOに「その他」と記入のうえ、それぞれの項目を入力してください。

| 上司 | ・上司として目標とさせたい項目２つを、面談までにピックアップしておいてください。<br>・係長以上には任せるリストからの内容も意識した目標としてください。 |
|---|---|

**下半期開始時面談（10月）**

- 育成シートの【自己目標】を示します。
- 上司がピックアップした目標を【上司からの目標】欄に入力してください。
- 合計５つの項目が重点として取り組む課題となります（その他の項目を取り組まなくてよいという意味ではありません）。
- ５つの項目の、達成基準、レベル感、難易度、アクションプランについてディスカッションし、最終確定した内容を変更入力してください。

| 上司 | ・本人が設定した内容であっても、取組み方とその進捗を考慮し、適切な達成基準とアクションプランを設定してください。 |
|---|---|

**下半期開始時面談終了後（10月）**

- 必要事項の入力が完了した育成シートを指定の方法で上司に送付してください。

| 上司 | ・送付された育成シートを確認のうえ、そだてる室に送付してください。 |
|---|---|

**期末面談前（3月）**

- 育成シートの「下半期達成結果」、「課題・反省」をそれぞれ入力してください。

**期末面談（3月）**

- 下半期に設定した５つの取組み状況を報告し、「第９期に向けての取組み」をディスカッションのうえ、入力してください。

| 上司 | ・下半期達成結果を受けて第９期に向け、適切な取組みを設定してください。 |
|---|---|

**期末面談終了後（3月）**

- 必要事項の入力が完了した育成シートを指定の方法で上司に送付してください。

| 上司 | ・送付された育成シートを確認のうえ、「上司より」にコメントを入力し、本人・そだてる室に送付してください。 |
|---|---|

**（次期）期首面談（4月）**

- 第８期下半期の取組みと結果を踏まえて、第９期の取組みにつなげていきます。

**イメージ**

## 労働基準監督官のタイムマネジメントから着想する

　社会保険労務士の私が日常的にやりとりする行政官に「労働基準監督官」がいます。

　監督官は、「臨検監督」といって、企業の現場に入り込み、最低労働基準が遵守されているかをパトロールし、労働基準法等が守られる社会づくりのために仕事をしています。

　本業は、臨検監督により法令違反の現場を指導することにあります。スピード違反を取り締まる警察官のような仕事です。

　年間監督計画を綿密に定め、指導件数も定めて行動する監督官ですが、部下のマネジメントに携わる監督官の臨検指導件数は、**マネジメントにかかる時間を先に控除してから設定される仕組み**になっています（厚生労働省『労働基準監督官必携』令和3年度版」より）。

　民間企業においても、上司となっていく過程では、現場の仕事の量を減らし、その分、部下の育成に充当できるようにしていかないと、いくら時間があっても足りない状態が起こります。「あんなに忙しく苦しそうな上司になりたくない」となるわけです。

　上司のやりがいの1つに、部下に「自分も上司になっていきたい！」と思わせることがあります。部下は上司の姿をよく観察しているもの。苦しそうな上司であれば、上には上がりたくないと部下は思います。それでは、いつまでたっても下から上へとステップを進めていくことはできず、組織全体の成長も停滞するのです。

　新たに部下を持つこととなった上司には、マネジメントに充てる時間を十分に確保できるよう、業務を分担していくようにしましょう。

　もちろん、併行してタイムマネジメント能力を向上させていくことも目指していきましょう。

# 面談を成功させよう

## 社員をガッカリさせる、こんな面談はやめよう

スケジュールとして面談をセットしたら、**「あとは面談者となる当事者たちにお任せ」は危険**です。面談者には、面談が実りあるものになるよう心がけて臨んでいただきたいからです。

イメージとしては、面談が終了したとき、部下のモチベーションが上がっているような面談が理想です。

進め方には、上司の持ち味が出てくると思いますが、一定のガイドライン（176ページ参照）を示しておくとよいでしょう。

とりわけ**面談の冒頭に「今からの面談時間は育成支援の目的のためにセットされたものである」ことをしっかりと伝えることが重要**です。

### 成功する評価面談のポイント

- **面談の目的を伝える＝「育成支援」**

> 面談の冒頭にコレを伝えるのが特に重要です！

- **上司からみた「評価すべき事項」を伝える**
- **本人からの「自己評価」をヒアリングする**
- **軌道修正すべき点を伝える**
- **上司から見た「課題となる事項」を伝える**
- **課題となる事項の改善のための提案をする**
- **会社からの中長期の期待を伝える**
- **育成のための支援を惜しまないことを伝える**
- **ファーストステップの提案をする**

| | 面談の内容 | 担当 |
|---|---|---|
| 面談の流れ | 【フィードバック面談】目安：10分 | |
| | ①評価に基づくポジション提示 | 上司 |
| | ・Lポジション（S・L・C）の位置確認と役割の説明 | |
| | （Class 2以上の社員には、下のClassのメンバーの名前を知らせる） | |
| | ・基本給の提示、昇給の説明 | |
| | ・（役付きの場合）役職の役割の説明 | |
| | 【期首面談】目安：30分 | |
| | ①面談の趣旨説明（この面談は「成長支援の場」であることを伝えてください） | 上司 |
| | ②専門分野の設定 | |
| | ③今期の目標設定 | |
| | ⑴ 部門目標に対する個人目標の提示 | 本人 |
| | ⑵ 自己目標３つについて、達成基準、レベル感、難易度、アクションプランを提示 | 本人 |
| | ⑶ ⑵についてディスカッションし、適切な内容に再設定する | 本人・上司 |
| | ⑷ 上司からの目標２つを提示（本人にその場で育成シートに入力してもらうことをお勧めします） | 上司 |
| | ⑸ 期待を伝える | 上司 |
| | ④質問 | 本人 |
| | ⑤その他 | |

## ■こんなケースが失敗に終わる

- 課題となる事項を上司が持っていない
  - →事前準備ができていない
- 自己評価に関する話を最後まで聞かない
- 他者との比較をする
- 責任を上司が担わない
  - →部下は孤独

## ■評価者が陥りやすいエラーの例

### ①中心化傾向

→評定が中心に集まってしまう

### ②論理的誤差

→「責任感のある人は規律も守るはず」など、一方がＡなら他方もＡと考えてしまう

### ③寛大化傾向

→ＳからＡのよいほうに評定が集まってしまう（評価が甘い）

- **評価者に自信がないとエラーを起こしがち**
- **「オレはＡにしたんだけどな」は禁句**
- **部下と同じ視座では見えないことがある**
- **部下との信頼関係の構築が優先**

　面談を効果的に行わないと、人事評価制度の営み全体が逆効果になることさえあります。

　特に、**部下の話を最後まで聞かないことの弊害は看過できないものです。**

　上司は、人事評価制度を通じて「コミュニケーション」について、真剣に向き合うことになるでしょう。

　技術としての面談もそうですが、人として知っておきたい対話については、たくさんの書籍が出ていますから、手に取ってみてはどうでしょうか。

　お勧めの本を1冊だけご紹介するならば、私は『こころの対話　25のルール』（伊藤守著、講談社）を挙げます。いかに部下の話を聞くことが大切なのかを、数々の共感できるエピソードを踏まえて教えてくれています。

**MEMO**

_____

_____

_____

_____

_____

_____

_____

_____

_____

スモールスタートで
育てていこう

# 人事評価制度は
# つくり続けるもの

## バージョンアップ計画をあらかじめ予定しておく

「○年ほど前に導入した人事評価制度が、全く機能しなくなったのです」

そういった悩みを抱えて当社に相談にこられる会社が数多くおられます。

**しかし、人事評価制度は、もともとが「つくり続けていくもの」という性質を持っています。完成はありません。**

特に、成長期にある会社で、「去年と同じ人事評価制度」では、おかしいのです。

「去年より今年」「今年より来年」と、会社が成長しているのであれば、人事評価制度も、どんどん成長していくほうが自然です。

したがって、**マトリクス人財育成制度のバージョン1を策定したら、運用期を経て課題を収集し、バージョンアップさせていきましょう。**
そして、これを繰り返していきましょう。

私が師と仰ぎ人事評価制度の策定を体系的に学んだのは、日本人事総研の岡田勝彦氏による講座からでした。

岡田先生は今年78歳ですが、コロナ禍にあっても年間フライト数130回を数え、現場に入り、人事評価制度の策定と運用の支援をされている実務家の第一人者です。

私は岡田先生に学び、数多くの心に残るコンサルタントとしてのあり方を授かりましたが、**「人事評価制度はつくり続けるもの。だから、長くやっている会社には、かなわない。だから、未完成だとしても、運用し始めることが大事」**というメッセージは、特に深く共感し、私からも現場で奮闘する関係者の方々に伝え続けています。

　読者の皆さんの会社でも、「つくったら、もうできあがり！」ではなく、「つくり続けるもの」と位置づけて、制度をよりよくしていく努力をし続けてください。

　182、183ページは、弊社のマトリクス人財育成制度の運用を担っている「そだてる室」の5か年行動計画を図にしたものです。
　ご覧いただくと、JOBリストやLポジションマップそのもののバージョンアップが、あらかじめ計画されていることがおわかりいただけると思います。

　人事評価制度を策定したら、改定も計画して運用を始めていきましょう。

## 第一次中長期経営計画　5か年行動計画

### ◆テーマ

●中長期経営計画の目標である「よくする力となる人づくり」のための「人財育成」に

### ◆第10期でのゴール（中長期経営計画で示された姿）

- 会社をよくしていく行動に移せるようなアドバイスができる影響力を持った人材を育成する。
- 皆が喜んで教え合う職場、教えやすい仕組みにしていく。
- 人間力とスキルの両方を伸ばしていく。

### ◆取組み

- 教育年間計画の改善・運用
- 人事制度の課題を改善し、メンバーの「人財育成」の重要なツールとする
- 「専門分野」の推進活動を通してスキルの向上を行う

### ◆行動目標

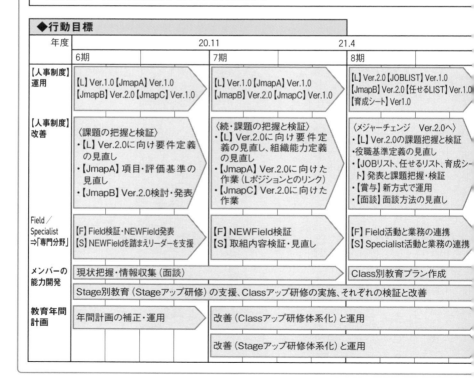

| 年度 | 20.11 | | 21.4 |
|---|---|---|---|
| | 6期 | 7期 | 8期 |
| 【人事制度】運用 | [L] Ver.1.0 【JmapA】Ver.1.0 【JmapB】Ver.2.0 【JmapC】Ver.1.0 | [L] Ver.1.0 【JmapA】Ver.1.0 【JmapB】Ver.2.0 【JmapC】Ver.1.0 | [L] Ver.2.0 【JOBLIST】Ver.1.0 【JmapB】Ver.2.0 【任せるLIST】Ver.1.0 【育成シート】Ver1.0 |
| 【人事制度】改善 | 〈課題の把握と検証〉<br>・【L】Ver.2.0に向け要件定義の見直し<br>・【JmapA】項目・評価基準の見直し<br>・【JmapB】Ver.2.0検討・発表 | 〈続・課題の把握と検証〉<br>・【L】Ver.2.0に向け要件定義の見直し、組織能力定義の見直し<br>・【JmapA】Ver.2.0に向けた作業（Lポジションとのリンク）<br>・【JmapC】Ver.2.0に向けた作業 | 〈メジャーチェンジ　Ver.2.0へ〉<br>・【L】Ver.2.0の課題把握と検証<br>・役職基準定義の見直し<br>・【JOBリスト、任せるリスト、育成シート】発表と課題把握・検証<br>・【賞与】新方式で運用<br>・【面談】面談方法の見直し |
| Field／Specialist ⇒「専門分野」 | 【F】Field検証・NEWField発表<br>【S】NEWFieldを踏まえリーダーを支援 | 【F】NEWField検証<br>【S】取組内容検証・見直し | 【F】Field活動と業務の連携<br>【S】Specialist活動と業務の連携 |
| メンバーの能力開発 | 現状把握・情報収集（面談） | | Class別教育プラン作成 |
| | Stage別教育（Stageアップ研修）の支援、Classアップ研修の実施、それぞれの検証と改善 | | |
| 教育年間計画 | 年間計画の補正・運用 | 改善（Classアップ研修体系化）と運用 | |
| | | 改善（Stageアップ研修体系化）と運用 | |

せるための5か年計画の例

## そだてる室

2022.2.2

取り組みます。

| 2.4 | 23.4 | ゴール |
|---|---|---|
| 9期 | 10期 | |

| | | |
|---|---|---|
| 【L】Ver.2.1【JOBLIST】Ver.1.0<br>【JmapB】Ver.3.0【任せるLIST】Ver.1.0<br>【育成シート】Ver1.1 | 【L】Ver.2.1【JOBLIST】Ver.2.0<br>【JmapB】Ver.3.0【任せるLIST】Ver.2.0<br>【育成シート】Ver2.0 | |
| 〈課題の把握と検証〉<br>・【L】Ver.3.0に向け各種見直し<br>・ポジション設定の見直し<br>・【JOBリスト、任せるリスト、育成シート】課題把握・検証・改善<br>・【JmapB】Ver.3.0検討・発表<br>・【賞与・面談】新方式の検証 | 〈マイナーチェンジ　Ver.2.1へ〉<br>・【L】Ver.2.1の発表、引き続き3.0に向けた作業<br>・【JOBリスト、任せるリスト、育成シート】課題把握・検証・改善<br>※11期～メジャーチェンジ | メンバーの<br>「人財育成」において<br>重要なツールと<br>なっている |
| 「専門分野」の推進 | 「専門分野」の当たり前化 | メンバーのスキル向上の<br>場になっている |
| コース別教育プラン作成 | 1人ひとりのキャリアプラン作成 | 「よくする力となる<br>人づくり」に<br>繋がる教育体制が<br>整っている |
| 改善（コース別体系化）と運用 | 改善（計画全体の調整）と運用 | |

経営計画書をつくろう

　人財育成制度の運用のためには、経営計画が必要になります。会社がどこに向かおうとしているのかが明らかでなければ、個人の目標設定が、組織性を持つことはできないからです。

　経営計画は、中長期（5か年）で未来を描き、長期構想で向かうべき大きな方向性を示し、単年度で具体的な施策を定めます。

　弊社では、すべての部署において、経営計画書を礎として、5か年行動計画と単年度行動計画を策定し、これを土台において、個々の社員が自身の目標を設定し、計画的な日々の実践に落とし込んでいます。

　描いた未来を確実につくる取組みで、中長期を視野に入れながら目標を設定することにも寄与しています。

　このとき、ぜひ、意識していただきたいのは、**「その経営計画は、関係するすべての人を幸せにするだろうか？」** という視点です。

　誰も幸せにしない経営計画は悲しいものですし、誰かは幸せにしても誰かを犠牲にしている計画も悲しいものです。

　**関係するすべての人を幸せにしていける、そう確信できるようなものを描きましょう。**

　経営計画書の策定にまつわる専門書は数多くありますが、『人が集まる会社　人が逃げ出す会社』（下田直人著、講談社）では、会社には「温める会社」と「冷やす会社」があると位置づけ、2種類の会社で決定的に違うのは「人の心が感じられるかどうか」だとして多数の実例を取り上げて紹介しています。

　経営計画書、人事評価制度、いずれにも人の心（＝愛）を乗せていきたいなと思っていただければ嬉しいです。

# 事例① 複数事業を持つ会社の賃金の考え方

## 賃金水準の異なる業種の給与バランスを手当でカバー

　1996年の創業以来、建築事業、ペットサロン、化粧品販売、飲食店といった複数の事業展開を進めてきたＡ社（従業員数24人・新潟県）では、人事評価制度を持っていませんでした。

　同社の社員は中途採用された人がほとんどで、給与は、その社員が前職で得ていた年収を基準に決定してきたのです。
　しかし、担っている仕事の役割や責任の範囲は、過去（前職場）と現在（同社）でまったく同じではありませんし、個々の社員のスキルと給与が連動しているわけでもなく、同社の給与の決め方は、さまざまな面でバランスを欠く状況でした。

　事業基盤を強化するなか、新卒採用が必要と判断した社長は、これを機にマトリクス人財育成制度を導入することを決めました。
　同社内には複数の独立した事業体がありますが、企業理念の達成に向けて想いを共有している職場です。
　「異なる事業を通じて理想の未来をつくり出していこう」という創業者の想いを表現できる人事評価制度を求めていました。

　そこで同社では、タテ軸の**Stage には事業部ごとに要件定義をおき、ヨコ軸（Class）には、全事業共通となる企業理念の浸透度や、それに基づいた組織マネジメントへの共感度などを測る要件定義をおくこと**にしました。

特筆すべき点は、大きく差がつきがちな賃金水準について、**異なる事業部間で共通のマップを活用**したところにあります。

　賃金の世間水準は、一般的にみて、ペット事業・飲食事業は低く、建築事業は高めです。これらを統合してマップをつくり、**基本給水準は合わせ、そのうえで各事業部において必要と思われる手当を設けていく**こととしました。

## 社員の不平・不満を言語化することが制度成功の鍵になる

　通常、人事評価制度は1年かけて導入していくところ、同社は5か月で運用フェーズに入りました。

　具体的には弊社（私）との3回のコンサルティング→自社内で適宜プロジェクトを進行→弊社と適宜オンラインで対話、の流れです。

　このように短期間で制度の導入ができたのは、まず社長が人事評価制度について熱心に学ばれており、自身がつくりたい会社のビジョン（企業理念）が明確で、軸がブレなかったことが挙げられます。

　また、プロジェクトのミーティングを、そのつど丸1日かけて実施した点も時短につながりました。**各部門の幹部社員（総勢7名）が、自社のよりよい未来を創るために現場を離れ、このプロジェクトに意識を集中し、意見を出し合った**のです。

　プロジェクトの初回ミーティングの場では、参加メンバー全員に、人事制度策定の狙いと理想の姿、現状とのギャップを、ざっくばらんに語ってもらいました。

　メンバーからはさまざまな意見が挙がりましたが、共通していたのは、「給与決定システムに対して不信感や不満がある」「見通しが立たない」「こうした問題をクリアにしたい」ということでした（ちなみに、社員から意見を出してもらう際は、社長に退席してもらうシーンもありました）。

　社員の不平・不満ともいえる企業課題を言語化しておくことが、のちの制度構築を成功に導きます。

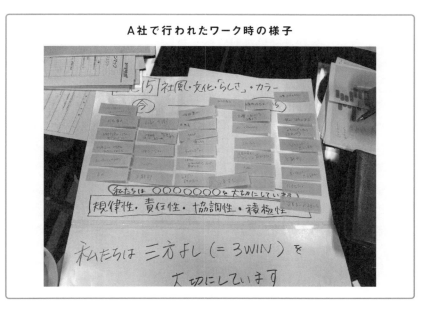

**A社で行われたワーク時の様子**

なぜなら、**給与額・昇給額決定においては、「社員側からも何を会社に提供しているか？」がシビアに問われることになる**からです。

プロジェクトがスタートした頃は、「もっと給料がほしい！」「もっと昇給してもいいのでは？」といった、漠然とした思いを発露させただけのメンバーも、ミーティングの回を重ねるごとに、「会社の成長は自分たちの成長にかかっているのだな」といった認識を深めてくれました。

人事評価制度の策定作業を通じて、会社の未来を創ることに対する当事者意識が芽生えていき、意見を出し合ってみんなで制度をつくりあげたからなのでしょう。社長は、**「社員の結束が以前より強固になったことが成果の1つ」**と振り返っておられました。

一方で、マトリクス人財育成制度の一部をなしているMBO制度（第2章参照）になじめない社員は、同社を退職していきました。

**「目標を設定し、そこに向かって挑戦していく」という働き方になじまない社員、会社と社員が約束を交わして成長していこうとする考え方に自分を合わせられない社員が去っていった**のです。

　結局、制度導入の前後で、社員の入れ替わりがかなりの人数で生じたので、経営者も現場も疲弊したと思いますが、「会社の〝水質〟が改善されました」と晴れやかに話していた社長の言葉が印象に残っています。

　ちなみに、同社の新卒採用は継続しており、社員の定着率も高い会社へと生まれ変わりました。

　今年度の新卒社員に私も会いましたが、「自分が成長していける、すばらしい会社です」と笑顔で語る姿を見て、我がことのように嬉しかったものです。

# 事例② 社内アンケートで 勤務態度評価を見直し

## オンライン形式で効率よくプロジェクトを実施

　ソフトウエア開発業のB社（従業員数86人・東京都）は、大学生の頃からの仲間が創業メンバーとして長く活躍し続けている、世間から「安定した、いい会社」と評判の企業です。

　同社には人事評価制度がありませんでした。創業以来20年以上、社員の評価、給与、昇給額は、社長が決定しており、特に問題らしい問題もなかったのです。

　しかし、同業の経営者仲間がマトリクス人財育成制度を採用し、人事施策等が成功している例に触れ、自社のさらなる飛躍を目指して制度の策定・導入を決意しました。

　プロジェクトの場では、社長自身の口から、**「人事決定はすべて社長の独断という現状を打破し、システムによって社員を育成・処遇することができるようにし、さらなる企業の成長をとりにいこう」**という目的が語られました。

　プロジェクトには、社長、人事担当役員、現場のトップ社員のほか、総務担当の社員が事務局として参画。導入を検討するタイミングがコロナ禍だったため、プロジェクトは対面形式ではなくオンライン形式で会議を重ねていきましたが、意外にも資料共有がサクサクと進み、リモートワークの効率のよさを味わったプロジェクトとなりました。

　制度導入以前の同社ではOKR（Objectives and Key Resultsの略。会社が

定める目標と社員の目標を紐づける目標管理方法）を軸とした1on1ミーティングを月1回実施しており、その記録をクラウドで管理し、全社のコミュニケーションの活性化を図っていました。

　ただ、ポジション（いわゆる等級制度）が社内に存在しておらず、給与決定は社長の脳内にしかないため、「成長実感が持ちづらい」「対話の場はあるが、社員の成長を促すかかわりをどうすべきなのかの指標がなく、介入しづらい」ということが、プロジェクトの場で課題として語られました。

## 「会社が評価する勤務態度」が伝わっていない状態は悲劇

　同社のプロジェクトでは、マトリクス人財育成制度のなかの「勤務態度評価項目の策定」プロセスにおいて、重要な方針転換を迎えたことが印象的です。

　きっかけは、評価項目に関する全社アンケートでした。

　「ドライでクールな関係を好んでいる社員が集まっていると思っていた」という社長の予想に反して、社員から以下のような声が多数あがってきたのです。

- 挨拶を大切にしたい
- 気軽なコミュニケーションを取りたい
- 職場の雰囲気をよくしたい
- 思いやりと気配りを大切にしたい

　社長も人事担当取締役も、この結果には驚いていましたが、**「社員が望む社風を戦略的に醸成していこう」**と、この新たな方針を実現させることを決めました。

　具体的には、社員同士が称賛を送り合うことができるツールを導入するなどし、以前よりもコミュニケーションが円滑になるしかけを新たに取り入れていきました。

　また、勤務態度評価の項目決定のプロセスで印象深かったのは、私が他社の事例を紹介した際の社長の反応です。

## B社の勤務態度評価アンケート結果（一部抜粋）
### 一緒に働きたいタイプアンケート回答まとめ

記入日：　　　2021/9/9

| カテゴリ | 質問内容 | コメント要旨 | 件数 |
|---|---|---|---|
| 規律性 | 気持ちよく仕事するために、相手にどんなルールや社会規範に沿った行動を期待しますか？ | 勤務時間、スケジュールを守る | 33 |
| | | 挨拶・円滑で明確なコミュニケーション | 26 |
| | | 周囲に対する気配り・気遣い | 12 |
| | | 報告・連絡・相談 | 7 |
| | | 特になし | 4 |
| | | 仕事の能力 | 3 |
| | | 法を犯さない | 2 |
| | | 責任感 | 2 |
| | | その他 | 2 |
| 責任性 | 仕事で頼みごとをする場合、普段どんな行動が見られる相手だと安心ですか？ | 迅速かつ確実な報告・連絡・相談 | 56 |
| | | 業務内容と納期への信頼 | 26 |
| | | 広範な知識、地頭のよさ、理解力の高さ | 6 |
| | | 周囲に対する気配り、気遣い | 5 |
| | | 課題解決への姿勢 | 3 |
| | | 仕事に対する熱意や努力 | 2 |
| | | その他 | 2 |
| 協調性 | 仕事で互いに助け合うために、どんな行動をとれる相手だと嬉しいですか？ | 気軽で的確な報告・連絡・相談 | 30 |
| | | 全体の業務や周辺の感情面のフォロー、気遣い | 26 |
| | | 円滑なコミュニケーション、またはそれを促進する雰囲気づくり | 22 |
| | | 成長に繋がるアドバイスや気付きを与えてくれる | 7 |
| | | プライド、向上心がある | 2 |
| | | 先を予測して行動ができる | 2 |
| | | 積極性のある人 | 2 |
| | | 依頼に対する対応の速さ | 1 |
| | | 自分の意見を持っていて発言できる | 1 |
| | | 嘘を言わない | 1 |
| | | 正確な現状把握 | 1 |
| | | ポジティブな提案 | 1 |
| | | 特になし | 1 |
| 積極性 | 相手が自ら進んで行っていることで、仕事上好ましく感じる行動は何ですか？ | 他人の状況を思いやった行動、気配り | 21 |
| | | 有益な情報発信 | 21 |
| | | 業務効率化、改善に対する取組み | 14 |
| | | 当事者意識を持った行動 | 7 |
| | | 自己研鑽、製品の質向上に繋がる行動 | 6 |
| | | 積極的コミュニケーション、リアクション | 6 |
| | | 迅速かつ確実な報告・連絡・相談 | 5 |
| | | オンオフの切り替え | 1 |
| | | 全般 | 1 |
| | | 実現させる力 | 1 |
| | | 段どりのよさ | 1 |
| | | 成果物の品質の高さ | 1 |
| | | 特になし | 1 |

勤務態度評価で、「整理整とんを心がける」「みんなで掃除をする」といった項目を設けている会社を紹介したところ、きっぱりと「それは当社ではまったく評価に値しない」と返答があったのです。

　勤務態度の考え方は各社さまざまですが、それが社員に伝わっていれば問題ありません。ただ、伝わっていない状況で**会社が評価しない行動を一生懸命やり続ける社員がいたとしたら悲劇**でしょう。

## 社員研修と制度導入を並行させる

　プロジェクトでは、以下のような社員研修を計4回開催しました。
**1回目…管理職研修**（「部下のマネジメントをする」とはどういうことなのかを、評価者となっていくメンバーで学ぶ）
**2回目…MBO研修**（目標設定の技術と達成させるコツを学ぶ）
**3回目…一般社員研修**（経営理念をふまえた人事評価サイクルを学ぶ）
**4回目…評価者研修**（どのように評価をしていくかを学ぶ）

　評価制度がなかった会社では、**研修を実施しながら制度導入を図っていくと効果的**です。研修で「部下を育てるマインドを持つ上司」の立場になり得る社員が育成され、組織の体力がついていきます。
　リモートワークに移行した同社では、プロジェクト、研修、社員への制度説明会等、すべてオンライン会議で実施されました。
　オンラインでのやりとりによる新たな課題に対する評価項目や育成システム等も、人事評価制度を導入するフローを通じて、同時に整備することができたと思います。

　同社の取組みに関与したことを通じて、「リモートワークに移行した会社では、タテ軸の技術力とヨコ軸の組織力を明確に意識した制度策定が求められている」ということを改めて痛感しました。
　とりわけ、ヨコ軸の「組織力発揮の指標」を持つことにより、ややもすると放置されてしまいがちな部下に、上司からの適切な関与が促されていくことが実現されます。

# 事例③ 職能等級制の わかりづらさを解消

**事業が拡大するなか、ビジョンが描きやすい新制度に変更**

　15年前、一店舗の居酒屋から事業をスタートさせ、現在はミシュランの星を獲得する高級料理店を含めた20を超える店舗を手がける飲食業のM社（従業員数150人・東京都）は、2018年、**従来型の職能等級制度からマトリクス人財育成制度へと制度を変更**しました。

　外部からは「新規出店を精力的に続けている、勢いのある魅力的な会社」という評価を得ている同社でしたが、社長は、「社員がついてきていない状態だった。出店が続くなか、社員がどんどん疲弊していくようにみえた」と当時を振り返ります。

　社員が何を求めているのか、彼らを幸せにするためには何をすればいいのか——と社長自身が掘り下げて考え、社員のために着手した取組みの1つが人事評価制度の刷新でした。

　従来制度では、等級を、①ジュニア→②レギュラー→③チーフ→④リーダー→⑤プロ店長→⑥マネージャーの6区分に分けていました。

　しかし、**「リーダーから先にステップアップする具体的方法がわからない」**と感じている社員が多く、また、**等級と給与額の連動がブラックボックス化**しており、キャリアビジョンが描きづらいことが指摘されました。

　先行きの見通しがつかないなか、新規出店による疲労も蓄積されたことで、社員が疲弊しているようにみえたのかもしれません。

社長は、自身がかねてから思い描いていた「この会社で年収1,000万円の社員を輩出したいんだ！」という情熱を、人事評価制度にそのまま盛り込むことにしました。

　こうした高額の賃金が支給され得る内容が制度に加わったことは、社長から社員に対して「約束」が交わされたということ。経営理念が明確に言語化されたことで、社長は自身に対して「退路を断った」ことになります。

　ここまでにふれてきたように、マトリクス人財育成制度では、評価と給与額がワンマップでビジュアル化され、誰がみてもわかりやすいのが特長です。同社が新しい人事評価制度を導入した際の社員説明会の日、年収1,000万円のインパクトに、会場が大いに盛り上がったことを私も覚えています。

### 新たな給与システムが中途採用でも功を奏する

　当初、プロジェクトは同社の幹部4名で始まりました。

　その際、ある幹部から、「社長の特筆すべき能力は、人を魅了する感化力。今後、**社長には『社長にしかできない仕事』に集中してもらい、他の社員でも代替可能な業務は、可視化のうえ権限委譲していく仕組みにしたい**」という意見が挙がり、その視点をベースに制度策定方針が固められていきました。

　ヨコ軸（Class）で理念共感度を計測・評価し、社長が経営者として担っている仕事を少しずつ権限移譲できる体制をつくっていくこととしたのです。なお、この意見を述べた幹部は、制度改定の4年後、副社長に就任し、社長をサポートしています。


　2回目以降のプロジェクトには有望な若手社員も加わり、各回15名のメンバーで、早朝の時間帯に定例ミーティングを行いました。

　同社に従来からあった、「スキルチェック」と呼ばれる業務習熟度をはかる指標は、マトリクス人財育成制度のJOBリストに変更されました。このときの、業務をタテ軸、ヨコ軸等に分ける作業を通じて、本書の22ページで述べた「集合天才」に必要となる能力要素を、タテ・

ヨコに分解して考える土壌がメンバーに浸透していきました。

　また、同社の制度は**Class 1＋Level 8のゾーンをオープン（限度額を設定しない）にしている**設定が特徴的なものとなっています。

　この設定により、国内トップクラスの料理人を社員として招き入れることに成功しています。**名を馳せた人に高待遇を約束しつつ、「社員としての理念共感度は新入社員と同じですよね」と、ヨコ軸（Class）はみんなと同じところからスタートさせています。**

　いくら有名料理人でも、企業理念への理解・共感・浸透が進んでいるわけではないので、このポジションは理にかなっています。従来型の等級制度であれば、なかなか表現しづらいポジションです。

　そもそも同社の社員は、入社時はカジュアルな居酒屋店舗で他のメンバーとともに汗を流して働いてもらい、同社の一員であるというマインドが醸成されてから高級業態の店舗へ移行するようになっています。

　こうした取組みが、業態の異なる飲食店を多数手がけつつも、会社のカラーを忘れることなく協力し合う「結束力の強い組織」として拡大し続けているゆえんです。

　人事評価制度を刷新したことで、**実地において浸透している同社の人財育成の流れが、制度を通じても社員に伝わる**ようになりました。また、入社後に目指すべき標準目標も可視化され、それを実現するために毎月の「料理検定」等の育成制度も充実させています。

　2017年8月にキックオフした同社のプロジェクトは、月1回の宿題付きプロジェクトミーティングを経て、翌2018年1月の社員総会で発表され、運用が始まりました。同社の取組みは飲食業界の専門誌でも大きく取り上げられ、じわじわと普及をみています。

| 評価基準イメージ | | | | 業務対応力 | | 基本給の範囲 |
|---|---|---|---|---|---|---|
| | ホール | 調理 | | 級 | 呼称 | |
| Stage 8<br>業界の革新となる<br>価値を創造できる | 日本一のサーバーである<br>S-1グランプリ受賞経験<br>がある業界を牽引してい<br>くことができる | ミシュランの星を獲得すること<br>ができる<br>今あるいいものを観察・分析・<br>明文化し、形にしてプレゼンす<br>ることができる<br>注目されるような浸透ができる | | Level<br>8 | ヒットプ<br>ロデュー<br>サー＆ヒ<br>ットディ<br>レクター | ∞<br>～<br>400,000 |
| Stage 7<br>社内では最高水準<br>の高い価値の創造<br>ができる | 価格帯の最高峰のサービ<br>ス提供ができる | 価格帯の最高峰の料理が提供で<br>きる | | Level<br>7 | （アシス<br>タントプ<br>ロデュー<br>サー） | |
| Stage 6<br>M社として高い付<br>加価値を提供でき<br>る | 価格に応じたサービスの<br>立案・改善・実行ができ<br>る | ヒット商品の開発ができる | | Level<br>6 | ディレク<br>ター | |
| Stage 5<br>M社クオリティを<br>高める改善を提<br>案・新たな提供が<br>できる | 価格帯に応じたサービス<br>が提供できる<br>（一業態）課題を抽出し、<br>改善・実行ができる | メニューにないものをつくれる<br>（創造力）再現性が高いうえに、<br>作業が早く、安定感のある味付<br>けができる | ✕ | Level<br>5 | （アシス<br>タントディ<br>レクタ<br>ー） | |
| Stage 4<br>ベテランとして工<br>夫改良を加えて業<br>務提供できる | 司令塔となれる<br>クレーム防止・対応がで<br>きる<br>おすすめをコーディネー<br>トできる（価格設定✕）<br>ロープレができる | 司令塔となれる<br>自分の技術を教えることができ<br>る<br>コーディネートされたものをつ<br>くれる | | Level<br>4 | （プレイ<br>メーカ<br>ー） | |
| Stage 3<br>M社の一員として<br>十分な業務提供が<br>できる | お客様に合ったお勧めが<br>できる<br>ピークになっても耐えら<br>れる | 全ポジション任せることができ<br>る | | Level<br>3 | （オール<br>ラウンダ<br>ー） | 280,000<br>～<br>270,000 |
| Stage 2<br>さしあたって1人<br>でできる | 通常業務をこなすことが<br>できる（突発的な対応<br>✕） | ワンポジション任せることがで<br>きる | | Level<br>2 | プレイヤ<br>ー | 270,000<br>～<br>260,000 |
| Stage 1<br>新人 | 新人 | 新人 | | Level<br>1 | ルーキー | 260,000<br>～<br>256,000 |
| Start | | | | Start | | 256,000 |

職務・質・量・勤務態度

＝

本マップのほかに、固定支給手当として
調整手当が支給されます。

| 組織<br>能力 | 格 | Class 1 |
|---|---|---|
| | 呼称 | ジュニア |

| マネジメント能力<br>評価基準 | 理念を知る・<br>かる・唱和す |
|---|---|

| 役職手当 | － |
|---|---|

# ポジションマップ

| Class 2 | Class 3 | Class 4 | Class 5 | Class 6 | Class 7 | Class 8 |
|---|---|---|---|---|---|---|
| ∞ ～ 410,000 | ∞ ～ 420,000 | ∞ ～ 440,000 | ∞ ～ 480,000 | ∞ ～ 640,000 | ∞ ～ 800,000 | ∞ |
| 410,000 ～ 340,000 | 420,000 ～ 360,000 | 440,000 ～ 400,000 | 480,000 ～ 420,000 | 640,000 ～ 560,000 | 800,000 ～ 年俸1,000万 ～ 720,000 | ∞ |
| 340,000 標準目標 ～ 320,000 | 360,000 ～ 340,000 | 400,000 ～ 360,000 | 420,000 ～ 年俸500万 ～ 380,000 | 560,000 ～ 410,000 | 720,000 ～ 560,000 | ∞ |
| 320,000 ～ 300,000 | 340,000 標準目標 ～ 320,000 | 360,000 ～ 340,000 | 380,000 ～ 350,000 | 410,000 ～ 380,000 | 560,000 ～ 410,000 | |
| 300,000 ～ 290,000 | 320,000 ～ 300,000 | 340,000 標準目標 ～ 320,000 | 350,000 ～ 330,000 | | | |
| 290,000 ～ 280,000 | 300,000 ～ 290,000 | 320,000 ～ 300,000 | | | | |
| 280,000 ～ 270,000 | | | | | | |

賃金額には月69時間相当分の時間外手当が含まれます

| | | →役付社員 | →管理職 | | | →経営層 |
|---|---|---|---|---|---|---|
| Class 2 | Class 3 | Class 4 | Class 5 | Class 6 | Class 7 | Class 8 |
| レギュラー | レギュラープラス | チーフ（副店長） | リーダー（店長） | マネージャー | 統括マネージャー | (役員ボードメンバー) |
| 々の行動と理念が ながる（不一致も む） | 理念を実行しようとしている、落とし込んでいる | 理念を伝える | ・理念に基づいた指導ができる ・理念で語り合うことができる | 理念で判断ができる | 理念で高度な判断ができる | ・理念を体現する ・理念のままに生きる |
| — | | 15,000 | 60,000 | 85,000 | 100,000 | ∞ |

# 事例④　週4正社員®制度で時給水準アップ

## 所定月給は低くみえても時給は高く、働きやすく

　最後の事例は私が経営しているドリームサポート社会保険労務士法人です（従業員数34人・東京都）。弊社は**週4正社員®制度**といって、週所定労働日数が4日・1日所定労働時間7時間のフレックスタイム制による働き方を実践しています。

　社員の言葉を借りると、**「所定月給は低いが、時給は高い会社」**だと言います。たしかに、月平均所定労働時間は122時間で、一般的な企業の170時間前後から比較すると、「それで正社員なの？」と驚かれますが、正社員です。

　初任給は155,000円ですから、都内で就職を検討している人は躊躇する額かもしれません。

　しかし、ステップアップを遂げていくと、例えばレベル5クラス3なら給与は245,000円となり、**時給水準は2,000円を超える**ことになります。当たり前ですが、時間外労働に対しては1分単位で残業代を支払う計算をしています。

　読者の皆さんの会社の給与水準と時給ベースで比較したらどうでしょうか。遜色ないどころか魅力的なものであると自負しています。

　コンサルタント業界では、超長時間労働が当たり前だと思いますが、社会保険労務士として労働時間を扱うコンサルティングを提供している私たちは、チームで価値を提供していくこととし、労働時間の短縮とともに、個人のプライベート時間の十分な確保をかなえています。

　「新標準の人事評価」として本書で紹介したマトリクス人財育成制度のすばらしい点は、**未来の自分を想像でき、夢が持てるワンマップ**

**であること**です。

　読者の皆さんにも、自社ならではの人財育成度を描き出し、ともに働く社員の方々がイキイキと働き、活躍し続ける、そんな職場をつくっていただきたいと願っています。

エンプロイアビリティを高める

　今後の職場は、フルタイム、パートタイム、フリーランスなど、さまざまな属性の人々が混在する状況が当たり前になります。

　その際、個々のメンバーは、社会に提供できる「何か」、つまり、プロフェッショナル性を明確に持つことで、職場や社会で"機能"することになります。といっても、大上段に構える必要はありません。「笑顔」や「ポジティブコミュニケーション」など、「これが自分の持ち味だ」と思えるものからスタートすればいいのです。

　マトリクス人財育成制度の育成シート（84、85、215ページ）には、「この分野なら私に任せて！」を宣言する欄を設けています。これを社内に公表することで、互いに助け合う社風や遠慮なく求め合う職場をつくることができるでしょう。

　個が重視されていく時代。職場はもちろんのこと、働く人々の意識も変えて、**エンプロイアビリティ（企業内外を超えた労働市場におけるビジネスパーソンとしての価値）を高めていくことが必要です。**

　厚生労働省の調査研究によると、エンプロイアビリティの能力は3つに分類されます。

**A**　職務遂行に必要となる特定の知識・技能などの顕在的なもの

**B**　協調性、積極的等、職務遂行にあたり、各個人が保持している思考特性や行動特性にかかわるもの

**C**　動機、人柄、性格、信念、価値観などの潜在的な個人的属性に関するもの

　当社社員も全員、専門分野を宣言し、社内に公表していますが、内容をチェックするとAまたはBに属するもののようです。

## Lポジションマップ 2.1

2022.04.01施行

【2022年4月1日付】

### L-ナビ

(1) Lポジションの位置づけ
Lポジションマップは、「(社員)それぞれが目指すキャリアを歩めるように」するための当社の人事制度です。

(2) Lポジションの歩き方
ハイポジション志向を前提とし、そのうえでどのようにポジションを歩んでいくかも自身の描くキャリアに応じて自由です。こうあるべきというものはなく、途中で方向を変えるのも自由です。
※ハイポジションとは「右」「上」「右上」のいずれかであり、それらに優劣はありません。

(3) 「任せる」
ポジション決定の最終的な判断は「任せる」かどうかであるため、左方向、下方向へのポジションチェンジもあり得ます。

### 業務対応力の決定

受け手にどの程度の業務を提供できるかを基準に、「お客様への対応」や「担当分野」を任せるかどうか(お客様・担当分野を任せる程度)で決定。
【決定要素】
(1) JOBMAP-B2.0による
①Stageがお客様や受け手に向け発揮されている量
①Stageがお客様や受け手に向け発揮されている質
③発揮されている当社らしき力
・よい会社をもっとよくする
・よくする力となる人づくり
・迷ったら、ススメ
・貢献と好奇心
(2) 他の社員のStageを引き上げる指導力
【決定方法】
1. 上記(1)と(2)を社員はJOBMAP-B及び面談で上司にアピール
2. 上司はそれらを「期待と比べて」評価し、ポジションチェンジを推薦

| | | 業務対応力 | | | |
|---|---|---|---|---|---|
| Level | 呼称 | お客様・担当分野を | (社員No.順) | | 基本給の範囲 |
| Level Ⅸ | もはや個人がタイトル | 「任せるレベル」が業界を牽引しちゃう | | | ∞ 〜 370,000 |
| Level Ⅷ | ディレクター | 「任せるレベル」が市場にも通用しちゃう | | | 350,000 〜 310,000 |
| Level Ⅶ | プリンシパル | 任せるのはもちろん、高い付加価値を期待しちゃう | | | 295,000 〜 265,000 |
| Level Ⅵ | アソシエイトプリンシパル | 安心どころか信頼して任せちゃう | | | 255,000 〜 235,000 |
| Level Ⅴ | チーフコンサルタント | 任せて安心 | | | 230,000 〜 220,000 |
| Level Ⅳ | コンサルタント | 任せるね | | | 220,000 〜 200,000 |
| Level Ⅲ | | 任せてみるね | | | 200,000 〜 190,000 |
| Level Ⅱ | アソシエイト | (担当の業務・作業を)試しに任せてみるね | | | 190,000 〜 180,000 |
| Level Ⅰ | | まなび中 | | | 180,000 〜 155,000 |
| Start | | | | | 155,000 |

### 組織能力の決定

上司の評価をもとに「ドリサポ全体をみるチカラ」の程度をはかり、ドリサポや社員を任せるかどうかで、ドリサポとして決定。

| | | (社員No.順) | |
|---|---|---|---|
| 組織能力 | ドリサポ全体をみるチカラ | 社員を | |
| | | ドリサポを | |
| | 呼称 | | |
| | Class | | Class Ⅰ |

## Post Map 1.0

※役職は、Lポジションマップの一部ではありません。
2021.04.01施行

### 役職の決定

基準をもとに、対応できるClassの者から、部門を任せるかどうかで決定。

| 役職 | 係長 |
|---|---|
| | 課(室)長代理 |
| | 課(室)長 |
| | 副部長 |
| | 部長 |

（2022年3月27日決定）
・定期ポジション
・定期昇給
・ClassⅥ以上とLevelⅤ以上のベースアップ（レンジの変更）

| Class I + | Class II | Class III | Class IV | Class V | Class VI | Class VII | Class VIII |
|---|---|---|---|---|---|---|---|
| ∞ ~ 395,000 | ∞ ~ 475,000 | ∞ ~ 505,000 | ∞ ~ 555,000 | ∞ ~ 630,000 | ∞ ~ ∞ | ∞ ~ ∞ | ∞ ~ ∞ |
| 375,000 ~ 330,000 | 435,000 ~ 385,000 | 465,000 ~ 410,000 | 510,000 ~ 450,000 | 580,000 ~ 515,000 | ∞ ~ 600,000 | ∞ ~ 680,000 | ∞ ~ ∞ |
| 315,000 ~ 280,000 | 355,000 ~ 315,000 | 380,000 ~ 335,000 | 415,000 ~ 385,000 | 475,000 ~ 420,000 | 555,000 ~ 495,000 | 635,000 ~ 570,000 | ∞ ~ ∞ |
| 270,000 ~ 245,000 | 295,000 ~ 265,000 | 315,000 ~ 280,000 | 340,000 ~ 300,000 | 395,000 ~ 350,000 | 465,000 ~ 415,000 | 540,000 ~ 485,000 | ∞ ~ ∞ |
| 240,000 ~ 225,000 | 255,000 ~ 235,000 | 270,000 ~ 245,000 | 285,000 ~ 255,000 | 335,000 ~ 300,000 | 395,000 ~ 355,000 | 465,000 ~ 420,000 | ∞ ~ ∞ |
| 225,000 ~ 205,000 | 235,000 ~ 215,000 | 245,000 ~ 225,000 | 255,000 ~ 235,000 | 300,000 ~ 275,000 | 355,000 ~ 325,000 | 420,000 ~ 385,000 | ∞ ~ ∞ |
| 205,000 ~ 195,000 | 215,000 ~ 205,000 | 225,000 ~ 215,000 | 235,000 ~ 225,000 | | | | |
| 195,000 ~ 185,000 | 205,000 ~ 195,000 | 215,000 ~ 205,000 | | | | | |
| 185,000 ~ 175,000 | | | | | | | |

→ここから管理監督者（役職には関係なく）

| 直接の後輩を任せてみたい（すがり先） | 部門の後輩を任せてみたい | 部門にかかわらず後輩を任せてみたい | | | | | |
|---|---|---|---|---|---|---|---|
| | | 任せてみたい候補 | 任せてみるね | 任せるね | 任せて安心 | 安心どころか信頼して任せちゃう | |
| Class I + | Class II | Class III | Class IV | Class V | Class VI | Class VII | Class VIII |

| | |
|---|---|
| 10,000 | |
| 20,000 | |
| 30,000 | |
| 50,000 | |
| 70,000 | |

## 週4正社員®制度

　**週4日働いて、週3日は働かない。けれど、会社をつくる当事者である（＝正社員）、それが週4正社員制度です。**

　「（楽そうで）いいですね〜」とコメントをいただくことが多いのですが、実態は想像するよりずっとシビアでタフです。

　昨今では週休3日制を導入している企業が増え、本書17ページでもふれたような潜在的労働力の発掘や働き方改革の具体策として有効活用されつつあります。ただ。安易に導入する会社では失敗例も多数、報告されています。

　**従来どおりの働き方は変えず、働く日数・時間数だけ減らす制度設計では、単純にコミュニケーションコストや属人的コスト（デスクや作業着などのインフラコスト、健康診断を筆頭とする福利厚生コスト）だけが増え、生産性は低下します。**

　つまり、会社の業績が悪化するということ。失敗の典型です。

　**チームで価値を提供するイノベーションを職場に起こし、それを下支えする職場ルールを構築していかないと、週4正社員制度は成功しません。**

　私の経営する会社では、週4正社員の成功事例を自ら社会に見せていくことをミッションとしています。

　マトリクス人財育成制度は、働き方の固定観念を打ち破り、未来を切りひらく「新しい働き方」を体現するための具体的施策として、また、「週4正社員制度」を下支えするルールの一部として、当社で大いに活用されている頼もしいツールなのです。

巻 末 付 録

書 式 例

## 人事評価制度に登場する用語集

| 用語 | 解説 |
|---|---|
| **人事考課**<br>（じんじこうか） | 人事評価との比較において、相対評価であることを意図する際に用いる用語。評語の分布をあらかじめ定めておき（例えば、A評価30％B評価60％C評価10％、S・D評価は特例、等）その分布に収まるように相対的に個々人の評価を決定する評価の手法。昇給が額で定められているような制度下においては、総額昇給額コントロールのために行われることもある。 |
| **人事評価**<br>（じんじひょうか） | 個々人の達成度合いにより、絶対評価で行う評価の手法。昇給が額で定められているような制度下においては、総額昇給額コントロールが難しくなるが、成長期にある組織では売上総利益も上昇していくため、総額昇給額をコントロールする必要性が低く、好循環となる。 |
| **昇給**<br>（しょうきゅう） | 給与が上昇すること。評価による昇給のほか、ベースアップによる昇給がある。 |
| **ベースアップ**<br>**（ベア）** | 組織全体（あるいは一定ゾーン）の給与を全体的に引き上げること。最低賃金法への対応のほか、採用強化、定着率強化等のために行われる。 |
| **昇格**<br>（しょうかく） | ポジションが上位に変更されること。職能等級資格制度下では、「昇級」と呼ぶことも想定されるが、発音が「昇給」と同じになってしまい混乱するので資格が上昇する「昇格」という呼び方をして区別するのが一般的。 |
| **昇進**<br>（しょうしん） | 職位が上がること。昇格と必ずしも一致しない。例えば、同じポジションに格付けされたままで、新たに課長代理に就任した際は、昇進したといえる。 |
| **入学方式**<br>（にゅうがくほうしき） | 昇格要件の用語。現在のポジションの役割・責任・能力が一定程度担えるようになった者が、上司からの推薦・昇格試験（面接・小論文・実技テスト・取締役会でのプレゼンテーション等）を経て選抜され、上位ポジションに移行する権利を獲得するという昇格の仕組み。自動的に移行されるものではない。登用人事・抜擢人事に用いられる。 |
| **卒業方式**<br>（そつぎょうほうしき） | 昇格要件の用語。現在のポジションの役割・責任・能力が一定程度担えるようになったら、自動的に上位ポジションに移行するという「卒業」基準による昇格の仕組み。 |
| **職位**<br>（しょくい） | 職場における地位や仕事内容を端的に表す肩書。主任・係長・課長代理・課長・副部長・部長・事業部長・執行役員・取締役等のマネジメント層を表すこともあれば、アソシエイト・ジュニアコンサルタント・シニアコンサルタント・パートナーなど、提供する価値の大きさを表すものもある。 |

| 用語 | 解説 |
|---|---|
| 役職（者）<br>やくしょくしゃ | 職位と類似するが、組織内での立ち位置を表す肩書のこと。特に、労働基準法41条の管理監督者である社員を役職者と表すことが多く、その場合、主任・係長・課長代理までは役職者とはしないなど、職位と一致しないことが多い。役職者＝管理監督者の場合には、労働時間・休憩・休日の労基法ルールを適用せず、残業代が支払われなくなる人、と処遇変更することが一般的。 |
| 職制<br>しょくせい | レポートラインのこと。組織内に職位が確立されていくと、コミュニケーションはレポートラインを通じて行われることになる。たとえば、総務課員が、営業課員に通達したいことがある際に、総務課長⇒営業課長の職制を経て通達するといった具合に、レポートラインを通じたコミュニケーションをとることとなるルートを、職制という。上司と部下との結束は深まる。 |
| 要件定義<br>ようけんていぎ | 各ポジションで期待される能力、役割、責任を言語化したもの。保有資格、必要勤続年数、必須履修研修等があれば、これらも明確にしておく。 |
| MBO | Management By Objectivesの略称。目標による自己統制と訳される。上司と部下が合意のうえで目標を設定し、一定期間ごとに達成度を評価する制度。 |
| OKR | Objectives and Key Resultsの略称。組織の共通目標と成果指標と訳される。目標と成果指標を可視化し、チームメンバーが共有する仕組み。MBOとの比較では目標サイクルが短期間で設定されている点が挙げられる。また、設定された個人目標は全社公開となる点も特徴的。 |
| KPI | Key Performance Indicatorの略称。主要業績評価指標のことで、目標達成までのプロセスを測定する指標のこと。アポ件数やミス件数等、目標達成のためにキーとなる定量評価項目を設定する。 |
| 1 on 1<br>ワンオンワン | 会社が設定した人事評価制度上のオフィシャルな面談（目標設定面談や評価面談）以外に、上司と部下が対話する定期的な場。日常の業務連絡等の打合せではなく、目標への進捗状況や、達成に向けて部下が悩んでいることなどを紐解いていく時間。主役が部下であることが特徴的。成長サポートに効果的。 |
| スタッフ部門<br>ぶもん | 組織で、ライン部門を支援する部門。間接部門とも呼ばれる。総務部門、人事部門、経理部門などがこれに相当する。コストセンターと呼ぶこともある。 |

| 用語 | 解説 |
|---|---|
| **ライン部門**（ぶもん） | 組織で、直接売上げにかかわる部門。直接部門とも呼ばれる。製造部門、営業部門などがこれに相当する。プロフィットセンターと呼ぶこともある。 |
| **重複型**（ちょうふくがた） | 各ポジションに設定される基本給レンジの設定手法。隣接するポジション間で基本給のレンジが一部重複している設計。昇格の際の賃金設定が容易になるが、昇格に伴う責任度合いの増減への説明が難しくなる。 |
| **接合型**（せつごうがた） | 各ポジションに設定される基本給レンジの設定手法。隣接するポジション間で基本給のレンジに重複はなく、階差もなく、接続している設計。ポジション間の賃金差が明確になるが、1ポジション内の賃金レンジが狭くなる。 |
| **階差型**（かいさがた） | 各ポジションに設定される基本給レンジの設定手法。直近下位の隣接するポジションの基本給上限額が、直近上位のポジションの基本給下限額と比較して階差を設ける設計。昇格に伴う昇給が確実に約束されるが、人件費コントロールが難しくなる。 |
| **レンジ** | 存在範囲。幅。基本給レンジとは、1ポジション内の、基本給の下限額から上限額までの範囲をいう。 |
| **バンド** | 一般職・管理職・専門職等の区分ごとに大くくりに、基本給の下限額と上限額を設定している場合の、その大くくりの幅をバンドと呼ぶ。Lポジションにおいて、ゾーンを分けてバンドを明確に示す例がある。 |
| **ピッチ** | 基本給の上昇の単位となる金額の標準額。例えばB評価獲得時は4,000円昇給する設計の場合、ピッチは4,000円となる。評価の良し悪しで昇給額をコントロールするためにピッチを5分割して調整するといった基準を設ける。本来は、描きたい賃金カーブから逆算してピッチを設定するが、そのプロセスを経ず設定している例も見受けられる。 |
| **シングルレート** | 1ポジション内の基本給にレンジが設定されておらず、単一額である制度のこと。Lポジションでは、左下の新人ゾーンがシングルレートで設定されることがある。 |
| **レンジレート** | ポジションごとに基本給額に下限額から上限額まで幅が設けられている制度のこと。Lポジションでは、基本的にはレンジレートを想定している。 |
| **貢献期待給**（こうけんきたいきゅう） | 新賃金システムに移行した際、降給となる社員に対して支給する給与。調整給・調整手当等類似の給与項目がある。支給期間・終了プロセスを事前に設定しないと、退職時まで引きずることになりかねない。 |

| 用語 | 解説 |
|---|---|
| 人事政策<br>（じんじせいさく） | 人事評価制度上、ロジカルに説明がつかない部分の采配。別の言葉では、「鉛筆ナメナメ」「社長のさじ加減」「勘ピュータ」などともいう。経営からのメッセージ性が色濃く反映されるもの。 |
| 評語<br>（ひょうご） | 評価の結果を端的に表した記号。SABCDEなどの6段階評価、54321などの5段階評価、非常によい／よい／悪い／非常に悪いなどの4段階評価、3段階評価などがある。用例：〇さんの昨年度の評語はAだったよね？ |
| 段階号俸表<br>（だんかいごうほうひょう） | 各ポジションごとの基本給レンジと評語により獲得していく昇給額をビジュアル化した賃金表。多くの企業で用いられてきた。号は等級を意味し、俸はこれまでに獲得してきた評価の累積により表され、基本給額を参照するために用いられるが、何号俸であるかのランクに大きな意味はない。せいぜい同期との評価結果の比較に用いることができるというものに過ぎない。 |
| 昇格昇給<br>（しょうかくしょうきゅう） | ポジションが上がった際に与えられる昇給額のこと。一般的には、賃金カーブから逆算して基本給のピッチを設定する際に、配分を決定する。昇格昇給の割合が大きければ、昇格時の達成感は大きいが、昇格するまで昇給を獲得できないので、「おあずけ」感は高まる。 |
| 習熟昇給<br>（しゅうじゅくしょうきゅう） | ポジションが上がらなくとも、1年間の習熟度の成長を反映して昇給させるもの。勤続給が設定されている場合、まさにそれが習熟昇給の意味を持つ。勤続給がなくても、習熟度合いを評価して昇給額を設定するのが一般的。 |
| 期待滞留<br>年数<br>（きたいたいりゅうねんすう） | 期待どおりに成長した社員があるポジションに留まる年数の想定。昇格を期待するメッセージとなる一方、ステップアップできずに期待滞留年数を超えて同一ポジションに留まる社員には閉塞感をもたらす可能性もある。 |
| 要件滞留<br>年数<br>（ようけんたいりゅうねんすう） | あるポジションに必ず留まるべき年数。習熟度が求められる職種に設定されることが多い。飛び級できないという閉塞感がある一方で、簡単に昇格しないことへの納得が得られやすい。 |
| ポジション | 一般的な人事評価用語でいう「（職能資格）等級」を、本書ではポジションあるいはLポジションという。会社が求める能力・役割・責任を段階的に表したもの。ポジションが上がればおのずと役割・責任が大きくなり、連動して賃金も上がる。 |

# 制度策定の目的と課題を確認するワークシート

## ワークシート①

### ① 人事制度策定 ( または改定 ) の目的は何ですか?

例：中長期経営計画の達成のため、最大の経営資源である人材を育成すること
　　将来を担うリーダーを輩出するため
　　会社のビジョンと社員の成長目標の方向性を一致させ強い組織をつくるため

## ワークシート②

### ② 目的から見えてくる現状とのギャップ ( 課題 ) は何ですか?

例：人材を育成する人材が不足している
　　指示どおりに動く社員が多く先読み・予測ができない
　　経営理念の浸透が弱いことと、自己成長意欲・目標への執着心が弱いこと

## 求める人財イメージワークシート

|  | 入社1年目 | 3年目 | 社長 | ●年目 |
|---|---|---|---|---|
| 職務内容 |  |  |  |  |
| 職務遂行能力 |  |  |  |  |
| 勤務態度 |  |  |  |  |
| 業績 |  |  |  |  |

業務の洗い出しシート

# まず仕事を時系列で列挙する

No. _____

作成年月日　　年　　　月　　　日

氏名 _____

## 職　種

| 毎日する仕事 | 2〜3日・週単位でする仕事 | 月単位でする仕事 | 不定期・年単位でする仕事 |
|---|---|---|---|
| | | | |

# Stage（タテ軸）等級定義フレーム

| 階層 | ステージ | 資格呼称 | 対応職位 | 昇格 | 滞留年数（期待） | モデル年齢 | 等級区分（端的に表現すると） | 等級定義（どういった能力・役割を求めるか） |
|---|---|---|---|---|---|---|---|---|
| ベテラン | 9 | | | | | | | |
| | 8 | | | | | | | |
| | 7 | | | | | | | |
| 中堅 | 6 | | | | | | | |
| | 5 | | | | | | | |
| | 4 | | | | | | | |
| 一般 | 3 | | | | | | | |
| | 2 | | | | | | | |
| | 1 | | | | | | | |

# Class（ヨコ軸）等級定義フレーム

| 階層 | クラス | 資格呼称 | 対応職位 | 昇格 | 滞留年数（期待） | モデル年齢 | 等級区分（端的に表現すると） | 等級定義（どういった能力・役割を求めるか） |
|---|---|---|---|---|---|---|---|---|
| 幹部 | 9 | | | | | | | |
| | 8 | | | | | | | |
| | 7 | | | | | | | |
| 中間管理職 | 6 | | | | | | | |
| | 5 | | | | | | | |
| | 4 | | | | | | | |
| 一般 | 3 | | | | | | | |
| | 2 | | | | | | | |
| | 1 | | | | | | | |

## Ｌポジションマップフォーマット

| 職務遂行能力　要件定義 | | | | | |
|---|---|---|---|---|---|
| | 営業 | マーケティング | XXX | XXX | XXX |
| Stage 7 | | | | | |
| Stage 6 | | | | | |
| Stage 5 | | | | | |
| Stage 4 | | | | | |
| Stage 3 | | | | | |
| Stage 2 | | | | | |
| Stage 1 | | | | | |
| Start | | | | | |

×

勤務態度評価　業務量・質

＝

| 業務対応力 | |
|---|---|
| 級 | 呼称 |
| Level 7 | |
| Level 6 | |
| Level 5 | |
| Level 4 | |
| Level 3 | |
| Level 2 | |
| Level 1 | |
| Start | |

| 組織能力 | 格 |
|---|---|
| | 呼称 |

| マネジメント能力要件定義 |
|---|

| 役職 | 係長 |
|---|---|
| | 課長代理 |
| | 課長 |
| | 部長 |

| 基本給の範囲 | | | | | |
|---|---|---|---|---|---|
| | | | | | |
| | | | | | |
| | | | | | |
| | | | | | |
| | | | | | |
| | | | | | |
| | | | | | |

| Class 1 | Class 2 | Class 3 | Class 4 | Class 5 | Class 6 |
|---|---|---|---|---|---|
| | | | | | |

| | 円 |
|---|---|
| | 円 |
| | 円 |
| | 円 |

## 基本給テーブルのフォーマット

| Lポジションマップ | | | | | | | | |
|---|---|---|---|---|---|---|---|---|

| Level | 基本給の範囲 | | | | | | | | |
|---|---|---|---|---|---|---|---|---|---|
| Level 8 | 000,000 ~ 000,000 | 000,000 ~ 000,000 | 000,000 ~ 000,000 | 000,000 ~ 000,000 | 000,000 ~ 000,000 | 000,000 ~ 000,000 | 000,000 ~ 000,000 | 000,000 ~ 000,000 | 000,000 ~ 000,000 |
| Level 7 | 000,000 ~ 000,000 | 000,000 ~ 000,000 | 000,000 ~ 000,000 | 000,000 ~ 000,000 | 000,000 ~ 000,000 | 000,000 ~ 000,000 | 000,000 ~ 000,000 | 000,000 ~ 000,000 | 000,000 ~ 000,000 |
| Level 6 | 000,000 ~ 000,000 | 000,000 ~ 000,000 | 000,000 ~ 000,000 | 000,000 ~ 000,000 | 000,000 ~ 000,000 | 000,000 ~ 000,000 | 000,000 ~ 000,000 | 000,000 ~ 000,000 | 000,000 ~ 000,000 |
| Level 5 | 000,000 ~ 000,000 | 000,000 ~ 000,000 | 000,000 ~ 000,000 | 000,000 ~ 000,000 | 000,000 ~ 000,000 | 000,000 ~ 000,000 | 000,000 ~ 000,000 | 000,000 ~ 000,000 | 000,000 ~ 000,000 |
| Level 4 | 000,000 ~ 000,000 | 000,000 ~ 000,000 | 000,000 ~ 000,000 | 000,000 ~ 000,000 | 000,000 ~ 000,000 | 000,000 ~ 000,000 | 000,000 ~ 000,000 | 000,000 ~ 000,000 | 000,000 ~ 000,000 |
| Level 3 | 000,000 ~ 000,000 | 000,000 ~ 000,000 | 000,000 ~ 000,000 | 000,000 ~ 000,000 | 000,000 ~ 000,000 | 000,000 ~ 000,000 | 000,000 ~ 000,000 | 000,000 ~ 000,000 | 000,000 ~ 000,000 |
| Level 2 | 000,000 ~ 000,000 | 000,000 ~ 000,000 | 000,000 ~ 000,000 | 000,000 ~ 000,000 | 000,000 ~ 000,000 | 000,000 ~ 000,000 | 000,000 ~ 000,000 | 000,000 ~ 000,000 | 000,000 ~ 000,000 |
| Level 1 | 000,000 ~ 000,000 | 000,000 ~ 000,000 | 000,000 ~ 000,000 | 000,000 ~ 000,000 | 000,000 ~ 000,000 | 000,000 ~ 000,000 | 000,000 ~ 000,000 | 000,000 ~ 000,000 | 000,000 ~ 000,000 |
| | Class 1 | Class 2 | Class 3 | Class 4 | Class 5 | Class 6 | Class 7 | Class 8 | Class 9 |
| | | | | | | | | | |
| | | | | | | | | | |

# 育成シート

■スペシャリスト宣言（※FieldでSpecialistが決定しだい入力してください）

|  |  |
|---|---|
|  | 部署　　　　　社員NO. |
|  | 名前 |

■今期の部門目標　　　　　　　　■今期上半期の部門目標に対する自分の役割と今年度のアプローチ

| 部門目標 |  | → | 個人目標 |  |
|---|---|---|---|---|

■自己目標（JOBリストより自己目標を3つ決定）

| JOB NO | 主要な具体的仕事 | 達成基準（何をいつまでにどういう状況にするか） | 現状のレベル感 | 目標のレベル感 | 難易度 | 目標達成までのアクションプラン |
|---|---|---|---|---|---|---|
|  |  |  |  |  |  |  |
|  |  |  |  |  |  |  |
|  |  |  |  |  |  |  |

■上司からの目標

| JOB NO | 主要な具体的仕事 | 達成基準（何をいつまでにどういう状況にするか） | 現状のレベル感 | 目標のレベル感 | 難易度 | 目標達成までのアクションプラン |
|---|---|---|---|---|---|---|
|  |  |  |  |  |  |  |
|  |  |  |  |  |  |  |

■達成状況

|  | 上半期達成結果 | 課題・反省 | 下半期に向けての取組み |
|---|---|---|---|
| 自己目標 |  |  |  |
| 上司目標 |  |  |  |

| 上司より |  |
|---|---|

# 目標設定指針フォーマット

| | 全社：求める結果 | 部門・拠点目標 | 行動計画 | 詳細内容 | 担う人 | 達成期限 |
|---|---|---|---|---|---|---|
| 企業文化<br>醸成 | 1.<br>2.<br>3. | | | | | |
| 売上目標・<br>販売計画 | 1.<br>2.<br>3. | | | | | |
| 業績目標<br>利益計画 | 1.<br>2.<br>3. | | | | | |
| 業務活動<br>計画 | 1.<br>2.<br>3. | | | | | |
| 教育・<br>育成計画 | 1.<br>2.<br>3. | | | | | |
| その他改<br>善活動等 | 1.<br>2.<br>3. | | | | | |

# 教育計画フォーマット

| 職 種 （ 職 務 ） | | | レベル | |
|---|---|---|---|---|
| 教育研修後の期待能力水準 | | | | |
| 教育研修後に期待される<br>発揮能力の例 | | | | |

| 区分 | 項目 | 教育研修の内容 |
|---|---|---|
| 習熟させる<br>（OJT） | | |
| | | |
| | | |
| | | |
| | | |
| | | |
| 習得させる<br>（OFF-JT<br>自己啓発） | | |
| | | |
| | | |
| | | |
| | | |
| 備考 | | |

辞令フォーマット

# 辞　　令

**新しい所属**

（空欄）

**これまでの所属**

（空欄）

**新しい役職**

（空欄）

**これまでの役職**

（空欄）

**新しいLポジション**

| Stage | |
|-------|--|
| Level | |
| Class | |

**これまでのLポジション**

| Stage | |
|-------|--|
| Level | |
| Class | |

**新しい賃金（月額）**

| 基本給 | |
|--------|--|
| 資格手当 | |
| 役職手当 | |
| 合計 | |

《時間単価》
割増基礎単価

**これまでの賃金（月額）**

| 基本給 | |
|--------|--|
| 資格手当 | |
| 役職手当 | |
| 合計 | |

※通勤手当は別途支給

## 新制度への移行チェックリスト

| | チェック項目 | コメント |
|---|---|---|
| ☐ | タテ・ヨコフレームは確定したか？ | |
| ☐ | Lポジション内の賃金レンジは確定したか？ | |
| ☐ | Lポジ外の賃金（諸手当の項目）は確定したか？ | |
| ☐ | 全員のLポジは確定したか？ | |
| ☐ | 全員の新賃金体系は確定したか？ | |
| ☐ | 新賃金の通達方法（給与辞令）は確定したか？ | |
| ☐ | 降給する社員の経過措置方法は確定したか？ | |
| ☐ | 目標設定・評価サイクルのスケジュールは確定したか？ | |
| ☐ | 評価者・評価決定機関は確定したか？ | |
| ☐ | 評価者研修は実施したか？ | |
| ☐ | JOBリストは確定したか？ | |
| ☐ | Stageは確定したか？ | |
| ☐ | Levelは確定したか？ | |
| ☐ | Classは確定したか？ | |
| ☐ | 社員説明資料は確定したか？ | |
| ☐ | 評価者の手引きは確定したか？ | |
| ☐ | | |
| ☐ | | |
| ☐ | | |
| ☐ | | |

# おわりに

　2017年5月。私は『週4正社員のススメ』（発行：経営書院）という書籍を上梓いたしました。今でこそそれほど珍しくない正社員の週休3日制について、制度導入のポイントを解説した実務書です。
　その書籍のなかで、私はこんなことを述べました。


　「従来は時間無制限で働く正社員ばかりだったから、上司の仕事としての労働時間のマネジメントが軽んじられてきた。
　しかし、労働時間に制約を持たせて、ワークだけでなくライフの充実にも目を向けた働き方を叶えていこうと思ったら、マネジメントの介在が非常に重要になる。
　そして、管理職層の本来の仕事である部下のマネジメントを強化していくべきだ」


　このように論じてきた私が課題に思っていたのは、管理職層の方たちの労働時間です。
　「時間」は限りあるもの。管理職層だって専門力をもっと高めて卓越した技術を身につけていきたいかもしれません。あるいは、もっと部下のマネジメントのために十分な時間を確保したいかもしれません。
　そのどちらもかなえるためにプライベートの時間が削られ、彼ら彼女らの犠牲のうえに成り立っている状態をよしとするのは違う──。


　そんな課題にこたえていける「マトリクス人財育成制度」は、私がライフワークとして取り組んでいる人事制度です。週4正社員制度とのシナジー効果が大いに期待され、今後、週4に限らず、長時間労働体質から脱却していこうとするあらゆる職場の働き方改革の過程で、きっとお役に立てる制度であると確信しています。


　本書が世に出ることにより、より多くの企業でマトリクス人財育成

制度が採用され、バリエーション豊かな事例が積みあがることを期待しています。

　また、私の仲間である社会保険労務士の方をはじめとして、企業サポートをされているコンサルタントの皆さまが、本書により、より実りあるコンサルティングの現場を創り出すことができるようにと願っております。

　最後に、本書の制作に多くをなしてくれた方々に、お礼を述べさせてください。

　まずは、マトリクス人財育成制度を共同開発し発展させ育ててきた、弊社CSOの竹内潤也、そだてる室・室長の菊地樹里亜、執筆過程で共創するチームとしてサポートしてくれた、課長・田所知佐をはじめとするつなぐ課メンバーへ。本書は、私の著作であると同時に、私たちのここまでの歩みの果実です。いつもありがとう。また、事例掲載を快諾してくださった各社の皆さまへ。応援していただいていることに深く感謝します。

　次に、企画段階から常に励まし支えてくれた日本実業出版社の佐藤美玲さん。より高い完成度を目指して情熱的にかかわってくださり、ありがとうございました。

　そして、本シリーズの第一弾『新標準の就業規則』（日本実業出版社2021.7）の著者である下田直人さん。本書の出版の実現は、深い友情と伴走のおかげです。ありがとうございます。

　最後に、夫と娘へ。本書の執筆過程だけでなく、私の行うことのすべてを理解し支え最大のサポートを惜しまず与えてくれる二人に、言葉に表しつくせない感謝と生涯の愛を伝えたいと思います。ありがとう。

# 参 考 文 献

『「同一労働同一賃金」のすべて　新版』（水町勇一郎　有斐閣）

『改訂4版　農業の労務管理と労働・社会保険百問百答』（入来院重宏　全国
　農業会議所）

『すごい会議』（大橋禅太郎　大和書房）

『未来企業は共に夢を見る ―コア・バリュー経営』（石塚しのぶ　東京図書出
　版）

『完訳 7つの習慣 人格主義の回復』（スティーブン・R・コヴィー　キングベ
　アー出版）

『志経営』（青木仁志　アチーブメント出版）

『クオリティ・カンパニー』（青木仁志　アチーブメント出版）

『賃金とは何か―戦後日本の人事・賃金制度史』（楠田丘　中央経済社）

『グラッサー博士の選択理論』（ウイリアム・グラッサー　アチーブメント出版）

『自律型社員を育てる「ABAマネジメント」』（榎本あつし　アニモ出版）

『代表的日本人』（内村鑑三　岩波文庫）

『多様化する労働契約における人事評価の法律実務』（第一東京弁護士会労働
　法制委員会　労働開発研究会）

『こころの対話　25のルール』（伊藤守　講談社＋α文庫）

『企業経営に活かす人事制度策定マニュアル』（岡田勝彦　日本法令）

『人が集まる会社　人が逃げ出す会社』（下田直人　講談社＋α新書）

安中　繁（あんなか　しげる）

ドリームサポート社会保険労務士法人 代表社員。特定社会保険
労務士。
立教大学社会学部卒。税理士事務所に入社、企業経営者の支援に
携わり、2007年安中社会保険労務士事務所開設。2010年特定社会
保険労務士付記。2015年法人化し代表社員に就任。約300社の顧
問先企業のために労使紛争の未然防止、紛争鎮静後の労務管理
整備、社内活性化のための人事制度構築支援、裁判外紛争解決手
続代理業務にあたる。
新しいワークスタイルの選択肢である「週4正社員®制度」の導
入コンサルティングを得意とする。
主な著書に『週4正社員のススメ』（経営書院）などがある。
https://dream-support.or.jp/

新標準の人事評価
人が育って定着する〈二軸〉評価制度の考え方・つくり方

2022年 8 月 1 日　初 版 発 行
2023年 6 月 1 日　第 2 刷 発 行

著　者　安中　繁　©S.Annaka 2022
発行者　杉本淳一

発行所　株式会社 日本実業出版社　東京都新宿区市谷本村町3−29 〒162-0845

　　　　編集部　☎03-3268-5651
　　　　営業部　☎03-3268-5161　振　替　00170-1-25349
　　　　　　　　　　　　　　　　　https://www.njg.co.jp/

　　　　　　　　　　　印　刷／厚徳社　　製　本／若林製本